I miei trent’anni

Autobiografia di un musicista

Graziano D’Urso

2020

I miei trent'anni. Autobiografia di un musicista

Lulu.com, Morrisville, NC.

ISBN: 978-0-244-26503-8

PRIMA PARTE

CAPITOLO 1

Dal 1990 al 2009:

il periodo scolastico - i primi approcci alla musica

Graziano D'Urso nasce a Catania, al civico 25 del Viale Odorico da Pordenone presso la Clinica Gibiino, Venerdì 30 Marzo 1990 alle ore 18.45 da Anna Maria Finocchiaro e Sebastiano Giuseppe D'Urso. Primo di due figli: ha una sorella Loriana D'Urso nata il 2 Maggio 1996. Cresce ad Aci Trezza, al civico 52 di Via Litteri, luogo in cui entra in contatto con la Prof.ssa Graziella Rimini fin dalla più tenera età, vicina di casa e intima amica della famiglia, al cui affetto si accompagna una profonda cura culturale che guida Graziano per tutta la gioventù.

I primi quattordici anni trascorrono serenamente: la madre insegnante di scuola dell'infanzia, ministro straordinario nella Parrocchia San Giovanni Battista di Acitrezza, volontaria Caritas, attrice di teatro dialettale amatoriale, ed il padre muratore.

La vita si svolge tra casa e scuola, un po' nel paese (presso la casa dei nonni), nelle Domeniche d'inverno nella casa di campagna a del nonno materno a San Giovanni La Punta, nelle Domeniche d'estate nella casa al mare della zia materna a Sant'Alessio Siculo. Frequenta la Scuola Materna (dai 3 ai 6 anni), Elementare (dai 6 agli 11 anni) e Media (dagli 11 ai 14 anni) ad Acitrezza, presso l'Istituto Comprensivo "Roberto Rimini", scuola dove Graziano D'Urso, oltre alle materie curriculari, si avvicina anche al teatro (rivestendo diversi ruoli protagonistici di commedia, sotto la guida di diversi docenti tra cui Rita Stivale) e alla musica, sia come educazione musicale generale che come strumento. Studia infatti Chitarra Classica con Domenico Scaminante, Orazio Carrara e Domenico Spada: è stato il dirigente scolastico di allora, la Preside Antonella Mandalà in un importante discorso d'inaugurazione ad esortare i genitori dei giovani strumentisti ad intraprendere lo studio musicale affermando "non fate perdere ai vostri figli il treno della vita".

Nel teatro si cimenta nei ruoli di Padron 'Ntoni ne "I Malavoglia" e Compare Alfio in "Cavalleria Rusticana", poi Gioacchino Castiello in "Miseria e Nobiltà" di E. Scarpetta, Giovanni Masillara in "I civitoti in pretura" e Nicolino Duscio in "L'aria del continente" di Nino Martoglio, è Don Calorio in "U ziu d'America", è Luca Cupiello in "Natale in casa Cupiello" di Edoardo De Filippo.

Nei concerti in città si esibisce con la scuola in qualità di chitarrista classico, in organico e solista. Sono questi gli anni dei viaggi di istruzione in Campania (Napoli, Caserta, Benevento, etc. del 2000) e in Umbria (Perugia, Assisi, Gubbio, Orvieto, etc., del 2004). E sono anche questi gli anni in cui riceve dalla Prof.ssa Rimini, oltre che una macchina da scrivere Olivetti, anche un'incisione su CD di Cavallaria Rusticana e Pagliacci, che Graziano, senza alcuna pretesa comincia ad ascoltare. Apre per due anni consecutivi l'abbonamento alle rappresentazioni del Teatro Massimo "Vincenzo Bellini" di Catania, al quale assiste assieme ai compagni della scuola.

Partecipa per diversi anni al Coro Polifonico guidato a scuola dal Soprano M° Pina Raneri, esibendosi in un certo numero di concerti nelle chiese del catanese (tra cui la Basilica di San Nicola l'Arena a Catania, e la Chiesa del SS. Alfio, Filadelfo e Cirino a Trecastagni in occasione dell'annuale festival dei cori), in repertorio classico, sacro e operistico.

Attivo nelle iniziative scolastiche (come i cortei per la pace e le giornate F.A.I.), partecipa alle varie iniziative culturali dell'Istituto ed entra nell'orchestra degli studenti. Consegue la certificazione di lingua inglese Trinity Grade 2. Si licenzia dalla scuola media inferiore con la votazione di Distinto.

Riceve i sacramenti presso la locale Chiesa della Parrocchia di San Giovanni Battista di Aci Trezza, dove anche frequenta un corso di tastiera ed il catechismo. Iscritto al Liceo Scientifico Statale "Archimede" di Acireale, con l'intento iniziale di diventare architetto, visita la Puglia (Bari, Monopoli, Alberobello, Castellana, etc.) nel 2005, la Spagna (Madrid, Avila, Segovia, Toledo, etc.) nel 2007, la Repubblica Ceca (Praga, Konapiste, KutnaOra, etc.) nel 2009.

Trova un lavoro estivo in paese come fattorino per tre anni consecutivi, presso un macellaio prima ed un generi alimentari dopo; accompagna qualche volta il padre in qualche suo lavoro. Nel Luglio del 2006 entra a far parte dell'animazione liturgica, d'oratorio e parrocchiale della Parrocchia "San Giovanni Battista" di Aci Trezza, rivestendo anche il ruolo di animatore dell'oratorio estivo per le tre estati successive.

Dopo due anni di sospensione di qualsiasi attività musicale, riprende a suonare, e su invito dell'allora Parroco di Acitrezza, Don Giovanni Mammino, apre il Corso di Chitarra della Parrocchia "San Giovanni Battista" di Aci Trezza (e fino al 2011 le altre quattro edizioni seguenti). E' solo a partire da questo periodo che si ha memoria scritta dell'elenco dettagliato delle esibizioni musicali, con date e luoghi, in qualsiasi veste (chitarrista, cantante, etc.) di Graziano.

In qualità di chitarrista riceve la proposta di entrare a far parte della RockBand Brahmins dell'amico Mario Grasso, il capo animatore della Parrocchia San Giovanni Battista dell'epoca. Il 5 Agosto del 2007, a seguito di vari progetti musicali come il "3zza Acoustic Band" o "8ttOLife" (un progetto musicale finalizzato ai concerti conclusivi delle stagioni estive dell'oratorio parrocchiale), fonda col chitarrista Andrea Di Maria una Rockband chiamata 8ttONerO con la quale ha partecipato e vinto a numerosi Festival e Concerti nella provincia di Catania (tra cui primo premio al Festival della Canzone "Città di Acitrezza" nel 2007, 2009 e 2011 come cantante e chitarrista) e di Caltanissetta (11° e 12° Edizione del Concerto di Niscemi), grazie anche al batterista Giovanni Cacciaguerra. Con la band - alla quale tra vai e vieni hanno partecipato oltre undici musicisti - il giovane musicista ha eseguito – in oltre cinquanta esibizioni dal 2007 al 2011 - alcuni dei suoi brani inediti composti tra il 2006 ed il 2007, figurando così più volte su quotidiani (come "La Sicilia" od "Il Giornale di Sicilia") come cantautore e musicista. I brani scritti ed interpretati da Graziano in questo periodo sono almeno dieci, di cui si ricorda il primo (Splendido mio ricordo) col quale ha vinto il Festival di Acitrezza del 2007.

I generi interpretati dalla band sono stati in ordine cronologico: Pop Rock, Punk Rock, Rock 'n Roll, Hard Rock, Progressive Rock, Blues; al gruppo si associano presto Alessio Sferro e l'amico di sempre Francesco Di Gregorio.

Il 15 Dicembre 2007 si fidanza con la coetanea Emanuela Motta, conosciuta nella città in cui entrambi frequentavano il Liceo (Acireale), rispettivamente Scientifico e Artistico. E' questo il periodo in cui, grazie all'aiuto di parenti ed amici, conduce una vasta ricerca genealogica - proseguita poi per gli anni successivi - della propria famiglia e delle famiglie a questa collegate, riuscendo a catalogare oltre ottocento persone in alberi più o meno risalenti; alcuni di questi formati anche da sei generazioni. Il 7 Aprile 2008 consegue la patente di guida ad Acireale, Auto Scuola Leotta.

Nel Settembre 2008 continua lo studio musicale privatamente come chitarrista classico con William D'Arrigo e come chitarrista rock da autodidatta conseguendo nel 2013 il Grade 5 Guitar Plectrum della certificazione Trinity College of Music con la votazione di 82/100. Entra come chitarrista solista presso l'Orchestra "Riviera dei Ciclopi" e ne è componente (poi anche membro del direttivo con ruoli amministrativi) fino al 2013. E' in questo contesto che si reca a Malta per partecipare con la Riviera ad un concorso ed a una rassegna concertistica in cui, così come al Primo Concorso Internazionale "Città di Bronte" (in cui l'orchestra ha ottenuto il primo premio) Graziano D'Urso ha ruoli solistici; in questa occasione visita La Valletta, Buggibba, Mosta, Sliema, San Jilian, Medina.

Nel 2009 Graziano, a seguito di tre anni di volontariato come didatta della chitarra in parrocchia, si cimenta nello studio di una nuova didattica che fosse, secondo il suo ideale di musica, "commistione della precisione della disciplina classica e dell'energia contemporanea della musica leggera", facendosi così autore dapprima d'un manuale per lo studio della Chitarra Ritmica e Solistica (Ritmica-Mente), successivamente, quando intraprese anche lo studio del Basso Elettrico, anche d'un manuale per lo studio della Ritmica e della Solistica del Basso (Ritmica-Mente Bass). Entrambi manuali, con duplice edizione annuale, sono stati adottati negli altri Corsi di Chitarra (oltre a quello Parrocchiale) e Basso che il giovane musicista ha diretto a partire dal 2010: Corso di Chitarra e Basso "Centro Studi Acitrezza", Corso di Chitarra e Basso "Associazione Culturale Creattiva" di Aci Castello, Corso di Chitarra II Circolo Didattico "Giovanni Paolo II" di Aci San Filippo, Corso di Chitarra ICS "Roberto Rimini" di Aci Trezza, Corso di Chitarra Scuola "Giardino D'Infanzia" di Gravina di Catania, Corso di Chitarra "I.C.S. Vigo – Fuccio La Spina" di Acireale. Più tardi elabora anche un manuale, molto fortunato, sullo studio dell'ukulele. Ha posseduto diverse chitarre, tra cui Chitarra Classica "Don Juan Alvarez" MC-30; Chitarra Semiclassica "Eko" P2; Chitarra Acustica "Ibanez" V70 BKN-27-01; Chitarra Acustica 12 corde "Ibanez" V7012 NT-2Y-01; Chitarra Elettrica "Ibanez" Giò GSA6JU BKN-27-01; Chitarra Semiacustica "Ibanez" Artcore AS83 VLS-12-01; Basso Elettrico "Squier by Fender" Vintage Modified Jazz bass 3TS. Altre quattro ne vende nel corso degli anni. Acquista un violino, due ukulele ed un pianoforte, oltre a varie armoniche e strumenti a percussione.

Il 30 Giugno del 2009 inizia la sua carriera professionale di insegnante privato, accanto a quella di docente presso associazioni e scuole, di Chitarra a plettro, e talvolta anche di chitarra classica, basso elettrico, ukulele, tastiera: in tale veste conta un numero totale di 180 alunni, tra privatisti e iscritti ai sette corsi.

L'Attività di insegnante di chitarra è stata la principale forma di professione di Graziano per undici anni, dal 2006 al 2017, accanto ovviamente l'attività artistica in qualità di performer ed esecutore (non solo chitarrista ritmico e solista, ma anche cantante leggero prima e classico dopo).

L'amore per la musica ha portato il "giovane cantautore trezzoto" ad inserire all'interno di una sua raccolta poetica composta tra il 2007 ed il 2009, chiamata "Versi Antichi e Rime Nuove", alcune delle sue più interessanti liriche (tra Madrigali ed Odi per l'argomento in questione) dedicate appunto alla musica ed al suo studio appassionato.

Anche la speculazione filosofica del musicista ha conosciuto la Musica come oggetto d'analisi, come può ben riscontrarsi nella pagina web dedicata, chiamata Libero Pensiero, e nel suo libro di filosofia "Pensieri". Diverse poesie, in forma di sonetti, sono stati dedicati alla fidanzata. Visita Roma, Milano, Palermo. A scuola manifesta interesse, a fronte dell'indirizzo scientifico degli studi, per le materie umanistiche, tra cui in special modo Storia e Filosofia.

Nel suo paese si avvicina all'Associazione Culturale "Centro Studi Acitrezza" come impegno sociale ed orientamento politico. Consegue il diploma di maturità presso il Liceo Scientifico Statale "Archimede" di Acireale il 14 luglio 2009 con la votazione di 81/100 con una tesina denominata "Euterpe, Musa immortale" trattando tutti gli aspetti della Musica.

Mutando l'originale orientamento universitario (Architettura), Graziano D'Urso si iscrive nel settembre 2009 – dopo una lunga riflessione circa un possibile corso di studi in Filosofia o Psicologia - al Corso di Laurea Magistrale in Giurisprudenza LMG-01 dell'Università degli Studi di Catania (più affine alle sue attitudini), ed accompagna lo studio accademico con il conseguimento di certificazioni di competenze in settori giuridici, economici, politici, geopolitici, informatici (tra cui l'IC-DAC 2.0 nel Luglio del 2013, e più tardi Corsi MOOC ed altri).

Ne seguono tre anni di intensissimi studi giuridici. E' di questo periodo il viaggio con la famiglia nell'arcipelago delle isole Eolie (Lipari e Vulcano).

CAPITOLO 2

Dal 2010 al 2016:
il periodo universitario - la didattica, la direzione e l'avvicinamento all'opera

Sulla scia dell'esperienza d'insegnamento Graziano ha elaborato tra il 2010 e il 2012 non solo una raccolta di regole fondamentali per la più corretta esecuzione denominata "Codice della Chitarra", ma anche un pratico manuale per lo studio della ritmica e solistica dell'Ukulele.

Il 24 Aprile 2012 Graziano fonda, assieme a Dario Scimone e Francesco Di Gregorio, il Comitato Culturale "Akis Live Music Project" con la omonima ALiMP (questo è l'acronimo) Band, al fine di diffondere e valorizzare in concreto la cultura musicale Live nel territorio delle Aci, divenendo di questo Presidente, Direttore Amministrativo, Social Media Manager e Chitarrista ritmico e solista.

Con questo ensemble si esibisce in matrimoni, eventi culturali, serate di piazza. Nel contesto delle attività del Comitato Culturale "Akis Live Music Project", oltra ad attività artistica come la partecipazione alla JazzBand Alimp prima (che si è esibita anche al Palazzo della Cultura – Platamone a Catania, ed in numerosi altri eventi) ed alla RockBand Aci dopo in qualità di chitarrista solista e cantante, Graziano ha aperto e tenuto anche corsi di didattica musicale.

Nelle attività del Comitato Alimp ha coinvolto – accanto a notevole attività solistica (come il concerto al Palazzo Manganelli a Catania) anche l'attrice teatrale

Chiara Castorina, per degli spettacoli proposti ai turisti di Acitrezza e all'Unione Nazionale delle Pro Loco d'Italia. Il 25 agosto 2012 si classifica terzo all'annuale concorso di poesia "Acitrezza, Terra dei Ciclopi", organizzato dall'Associazione Culturale "Centro Studi Acitrezza"; a consegnare il premio uno dei giudici di gara, la Professoressa Graziella Rimini.

Al calare dell'interesse professionale per la carriera forense è sempre più cresciuto quello per la politica prima e per la musica poi, qualsiasi fosse l'aspetto. Nel 2013, promossa dall'associazione culturale Centro Studi Acitrezza nella persona del suo Presidente Antonio Castorina, Graziano D'Urso organizza e dirige la Galatea - L'Orchestra del CSA, un ensemble pop nel territorio delle Aci.

Con l'Orchestra Galatea, oltre l'intensa attività concertistica (Acireale, Catania, Aci Castello, Zafferana, Valverde, etc), incide anche un album chiamato Pop Opera – Volume I: un disco contenente oltre ad inediti, composti dallo stesso Graziano, anche e soprattutto brani di musica classica e da camera italiana del XIX e XX sec. con la collaborazione di abili e volenterosi musicisti. Oltre cinquanta musicisti hanno fatto parte di questo ensemble pop, luogo in cui la vena artistica di Graziano si è amplificata, grazie anche alla possibilità di allestire arrangiamenti, orchestrazioni ed interpretazioni. Inediti scritti per la

Galatea sono stati: "Inno del CSA" e "Minor Blues", invece un arrangiamento di Claudio Quartarone è stato "Paradisu d'Amuri", e di Vincenzo Adorna "Tarantella in FA". Coadiuvato nell'amministrazione da Giovanni Grasso, nella direzione artistica da Federica Fichera e nella conduzione da Annalisa Pennisi prima e Mattia Cavallaro dopo, Graziano ha diretto l'ensemble per quattro anni con grandi soddisfazioni. Spalla dell'ensemble è il Professore Vincenzo Adorna, entrato nell'ensemble grazie alle conoscenze di altri componenti dello stesso.

Nel contesto delle iniziative musicali del Centro Studi Acitrezza (tra cui anche il complesso bandistico "Città di Acitrezza" con componenti dell'Orchestra Galatea, che si è concretizzato poi soltanto in qualche esibizione per la campagna elettorale 2014 e per il Carnevale 2017), Graziano fonda e dirige, assieme ad Alessandro Monaco, il primo Corso in provincia di Catania di Body Music e Body Percussion, denominato BMC - Body Music Catania. Candidato (all'epoca del Liceo) alla Consulta Studentesca Provinciale, Graziano D'Urso si è cimentato più tardi nell'impegno politico del proprio paese col movimento civico della località castellese denominato "CSA - Cambiamento" dall'anno 2012.

Nel Settembre 2013 Graziano D'Urso ha avuto modo di avere accesso, per ricerche storiche su tema

Comune di Aci Castello, alla sede "Catena" dell'Archivio di Stato di Palermo, fondo "deputazione del Regno", per conto dell'Associazione CSA. Curata è anche la raccolta di foto storiche della frazione di Trezza e del Comune di Aci Castello.

Nell'impegno di studi storici ha avuto l'occasione di scrivere l'introduzione storica (come anche il testo fantastico) al romanzo "Xiphonia" con vari riferimenti a scritti d'autori di storia patria. Oltre a curare le ricerche per conto dell'Associazione Culturale "Centro Studi Acitrezza", aderisce al "Comitato a difesa delle Aci", nato nel Settembre 2013 in concomitanza con la proposta di Legge Regionale sull'accorpamento metropolitano dei comuni etnei.

Martedì 17 Dicembre 2013 Graziano D'Urso, in qualità di moderatore, ha gestito la presentazione del libro "Antonio Ingroia. Io So" con l'intervento, oltre che della Professoressa Liberti, anche dello stesso ex procuratore aggiunto della Procura di Palermo. Impegno speso a testimonianza dell'autentica intenzione di condurre nella legalità e nella lotta al malaffare una politica sobria e volta al benessere della cittadinanza. Candidato alle elezioni amministrative di Aci Castello del Maggio 2014 col la suddetta lista, Graziano D'Urso ha avuto l'opportunità di intervenire nei pubblici incontri organizzati dal movimento presso Piazza "G. Verga" ad Acitrezza sui temi dell'impegno e della partecipazione civica, sulla realizzazione dell'"Ecomuseo della Riviera dei Ciclopi", e sulla ricostruzione simbolica dei "Lavatoi dei Malavoglia". Con lo slogan "Il Cambiamento attraverso Cultura, Sviluppo ed Arte", sottolineando l'importanza e la centralità dell'elemento culturale della località marittima, Graziano D'Urso è fra i più giovani candidati ad Aci Castello alle competizioni elettorali amministrative del 2014, con un impegno serio, attivo e partecipato, con un curato lavoro di ricerca e di studio storico e giuridico.

Interessato al tema del turismo e dello sviluppo sostenibile, al folklore ed alla demoetnoantropologia del luogo della Trezza, Graziano D'Urso porta avanti una campagna di valorizzazione della storia e delle preziose risorse artistiche nonché naturalistiche del suo paese: non solo la tradizione letteraria e cinematografica, mitologica, epica e poetica, pittorica e fotografica, ma anche la fenomenologia geovulcanica, dei basalti colonnari, delle isole Ciclopi, etc. Compie una annosa ricerca di pellicole (film e documentari) girati ad Aci Trezza per tutto il corso del XX sec.

Il 18 Marzo 2014 Graziano D'Urso per il CSA Cambiamento è stato eletto Vice Presidente della Consulta Giovanile del Comune di Acicastello, organo convocato dall'Amministrazione Comunale dopo anni di silenzio. In quell'occasione ha avuto modo di dichiarare i suoi intenti di fare bene e di realizzare cose concrete con un lavoro sinergico di tutti i componenti.

E' un importante risultato, quello dell'elezione al più alto ruolo elettivo di quest'organo, che rispecchia pienamente non solo la presenza di D'Urso nelle iniziative giovanili del proprio Comune in ambito culturale, civico e musicale sin dal 2009 con costanza e devoto impegno, ma anche l'esigenza di Cambiamento in un Comune che per troppo tempo ha dimenticato i suoi giovani non convocando la Consulta.

Fra le iniziative più rilevanti condotte in seno alla Consulta (tutte senza la possibilità di poter beneficiare di un autonomo capitolo di bilancio) spiccano: la revisione dello Statuto del 1998, la creazione di un portale web, la creazione dei gruppi di lavoro e la specializzazione del lavoro di ricerca e sviluppo progettuali, la calendarizzazione delle sedute, l'organizzazione del Forum Giovanile in tema di Volontariato e Associazionismo e quello in tema di Diritti Civili, il dialogo con il Consiglio Comunale, il dialogo con le Consulte Giovanili dei Comuni limitrofi, etc.

Grazie alla passione per la Scienza storica, l'analisi dei dati e dei fatti accaduti nel passato, all'amore per la conoscenza delle vicende antiche, ma soprattutto alla vicinanza all'Associazione Culturale

"Centro Studi Acitrezza", nonché la personale conoscenza del cultore di storia locale Filippo Pulvirenti, Graziano D'Urso ha avuto la possibilità di approfondire la storia che ha visto protagonista la costa orientale della Sicilia, con particolar riferimento il territorio delle Aci, dalla preistoria ad oggi.

L'impegno amatoriale lo ha condotto a conoscere, fra le altre cose, gli scritti di storia patria quali: Storia di Aci dalle origini al 1528 - Raccuglia, La nascita della Parrocchia di Acitrezza - S. Coco, Ultimo banchetto a Trezza - S. Coco, Il vero Aci antico - F. Pulvirenti, Aci e Galatea - F. Pulvirenti, Quell'amaro macigno - F. Pulvirenti, Dafni - F. Pulvirenti, Aci, San Filippo - F. Pulvirenti, Catania e la sua montagna - O. Tomasello, Acque, ruote e mulini nella terra di Aci - S. Bella, Trizza le Origini - E. Blanco, Il Mediterraneo nel Libro di Ruggero - Edrisi, La Sicilia Antica - M. Dreher. Nella propria stanza di casa Graziano raccoglie oltre 800 libri, che oggi fanno parte della sua biblioteca personale, e che a partire da quel periodo ne legge una considerevole parte.

Il 22 Maggio 2014 l'Assessorato regionale dei Beni Culturali e dell'Identità siciliana ha inserito le "barche in legno trezzote" - della cui relazione la parte storica (studio sull'uso delle barche a legno trezzote dall'antichità fino ai giorni nostri) è stata perfezionata da D'Urso - nel nuovo Registro delle Eredità Immateriali della Sicilia.

Sabato 24 Maggio 2014 Graziano D'Urso incomincia una collaborazione col violinista e mandolinista Claudio Quartarone (presentatogli dal prof. Vincenzo Adorna, primo violino della Galatea – L'Orchestra del CSA); in qualità di chitarrista e cantante crea il duo acustico Claudio & Graziano, dedito all'intrattenimento musicale di ricevimenti e celebrazioni, duo col quale si esibisce il tutto il territorio etneo.

Il M° Quartarone indica a Graziano il M° Filippo Piccolo per curare l'aspetto vocale, con l'invito a seguire un Corso di Canto Lirico presso l'Istituto Musicale "Vincenzo Bellini" di Catania. Graziano, interessato a frequentare – accanto lo studio universitario – un corso di studi accademici in musica classica, si convince orientandosi così per il Canto. La vicina di casa e intima amica della famiglia Prof.ssa Graziella Rimini, grande appassionata d'opera lirica, si spegne a Biancavilla all'alba del 15 Giugno del 2014; non saprà mai dell'attitudine lirica di Graziano.

E' nel Settembre 2014 che Graziano D'Urso si avvicina in modo assiduo allo studio del canto classico e del repertorio operistico col Maestro Filippo Piccolo; la prima lezione avvenne il 9 settembre. Gli studi di Teoria e Solfeggio vengono invece approfonditi con la

Professoressa Vincenza Brunetto, anch'essa indicatagli dal M° Quartarone. Il 25 Ottobre 2014 Graziano D'Urso – affezionandosi agli animali domestici che ha a casa - abbraccia il vegetarianesimo, smettendo di mangiare carne, pesce, a motivazione di una sua etica personale.

E' questo il periodo in cui, oltre l'attività professionale di didatta e performer, accompagna l'attività di insegnante di doposcuola per i bambini del quartiere. Nel Dicembre 2014, maturando un pieno convincimento socialdemocratico ed abbracciando il pensiero liberalsocialista di Carlo Rosselli, Guido Calogero e Piero Calamandrei, affascinato dalla figura e dalla statura politica di Sandro Pertini, in pieno spirito di condivisione dell'ideale liberale e democratico, ambientalista ed ecologista, riformista e progressista, Graziano D'Urso aderisce al Partito Socialista Italiano - Federazione Provinciale di Catania, entrando nel Direttivo Provinciale in qualità di referente per il Comune di Aci Castello.

Il 22 Febbraio 2015, presso l'Auditorium di San Michele di Ganzaria (CT), dirigendo l'orchestra di fiati dell'associazione "Janzaria" in concerto, Graziano D'Urso consegue l'attestato di completamento degli studi in direzione d'orchestra organizzato dalla Federazione delle Bande Siciliane (presieduto dal Prof. Alfio Zito) e diretto dal docente Prof. Salvatore

Tralongo. Giovedì 16 Aprile 2015 un gruppo di volontari ricercatori guidati dallo stesso Graziano, per conto dell'Associazione Culturale "Centro Studi Acitrezza", ha condotto una approfondita ricerca presso l'Archivio di Stato di Palermo, sede della Gancia, circa la Torre della Trezza (il bastione difensivo fatto edificare dal Principe Luigi Riggio e Giuffré il 18 Marzo 1690 sulla collina della località marinara), la pretensione dei Padri Minoriti di Catania sullo scalo della Trezza, sulle terre della Trezza, sul Palazzo, sul magazzino, le case, le botteghe, l'osteria, i campi coltivati, etc.

La squadra, formata da Emanuela Motta, Graziano D'Urso, Antonio Castorina, Luisa Marino ed Andrea Vannelli, ha anche trovato e visitato, a Palermo, il castello neogotico di Giuseppe Riggio Principe d'Aci, oggi in rovina. In questa occasione visita con Emanuela Motta le città di Palermo, Trapani, Erice, Valderice, Monreale, Bagheria, Marsala, Alcamo, Segesta, Paceco, Mozia, Saline di Trapani. E dopo anche Sperlinga, Enna, Calascibetta, Petralia Soprana, Castelbuono, Geraci, Cefalù. Domenica 1 Marzo 2015, presso l'Hotel Paradise di Santa Maria di Licodia (CT), Graziano D'Urso ha conseguito l'Attestato di Partecipazione al Corso per Amministratore di Associazioni Musicali no profit tenuto dalla dott.ssa Elisa Mariotti, in materia di fiscalità, diritto tributario e gestione dei complessi bandistici ed orchestrali, organizzato dalla Federazione delle Bande Siciliane.

Lunedì 24 Settembre 2015, su audizione, è stato inserito nella sezione dei Baritoni del Gran Coro Lirico Siciliano in qualità di artista stabile, partecipando immediatamente alla produzione dell'Opera Faust di Charles Gounod e del Concerto Lirico Sacro a Macao - Cina, tra il 18 Ottobre e l'1 Novembre dello stesso anno. Durante tutta la permanenza nel Coro Graziano ha partecipato all'intensa attività operistica e concertistica nei teatri siciliani e nelle monumentali chiese del catanese. Graziano comunica il proprio risultato alla direttrice della Corale Polifonica dell'Istituto Comprensivo Statale "Roberto Rimini" di Acitrezza, la Professoressa Pina Raneri, entusiasta; la docente si spegnerà l'anno successivo per cause naturali a soli cinquant'anni.

Sabato 19 Dicembre 2015 è stata presentata, presso la sede dell'Associazione Culturale "Centro Studi Acitrezza" di Via Dietro Chiesa n.59, la relazione con oggetto le Torri della Trezza dal nome "Alla Riscoperta del Bastione" di cui Graziano è l'autore. Questa, assieme alle numerose altre ricerche, è stata inserita nell'opera di raccolta più importante a tema "Acitrezza" di Graziano D'Urso: "La vera Storia di Acitrezza" un Libro ed un Blog contenente tutti i resoconti e le relazioni sulle ricerche condotte nel corso degli anni con oggetti il proprio paese.

Nel Marzo 2016, in occasione della campagna elettorale per il Referendum Abrogativo sulle Trivelle, è entrato a far parte del Comitato NoTriv delle Aci e del Comitato NoTriv di Aci Castello; il 30 dello stesso mese è stato eletto Presidente del Circolo A.I.D.O (Associazione Italiana Donatori di Organi, Tessuti e Cellule) di Aci Castello e Delegato Provinciale all'Assemblea Elettiva dell'AIDO Catania; tre giorni più tardi è stato eletto Delegato Regionale all'Assemblea Elettiva dell'AIDO Sicilia.

Il 12 Aprile ed il successivo 24 Maggio 2016 ha partecipato, prima come relatore e poi come moderatore, ai primi due incontri di avvicinamento delle Consulte Giovanili dei Comuni Etnei, rappresentando Aci Castello: in tali occasioni si è delineata sempre con maggiore forza l'intenzione delle Consulte aderenti di creare una Rete permanente di raccordo volta all'armonizzazione regolamentare, la sensibilizzazione alla politica giovanile, e la collaborazione come strumento di cooperazione e mutua assistenza.

Nella veste di co-fondatore della Rete Etnea delle Consulte Giovanili, ha provveduto a stilare un elenco in quattordici punti sulle linee guida dell'istituzione, marcando sempre più i contorni di questa giovane realtà politica di respiro sovracomunale. Appassionato alla storia ed alle antichità della Sicilia ed ai borghi medievali della propria regione Graziano D'Urso, con la compagnia della fidanzata Emanuela, visita – viaggiando in auto (una Lancia Musa del 2005, ma acquistata nel 2014) - capillarmente tutti i borghi medievali e le mete turistiche delle provincie siciliane.

Nell'Aprile 2016 visita Messina, Scaletta Zanclea, Ganzirri, Punta Faro, Milazzo, San Marco D'Alunzio, Capo d'Orlando, Tindari, Patti, Marina di Patti, Barcellona Pozzo di Gotto, Manno, Merì, Castroreale, Villafranca Tirrena, Calvaruso, San Filippo e Santa Lucia del Mela, Spadafora, Venetico, Roccavaldina, Rometta, Reggio Calabria, Casalvecchio Siculo, Roccalumera. E prima anche Taormina, Giardini Naxos, Savoca, Castelmola, Forza D'Agrò, Francavilla, Montalbano Elicona, Novara di Sicilia, Castiglione di Sicilia, Bronte, Randazzo, Centuripe, Maniace, Agira.

Dall'Agosto 2016, contestualmente ad una trasferta Svizzera in Canton Argovia con una delegazione del Coro Lirico Siciliano per l'allestimento di Rigoletto all'Oper Schenkenberg di Brugg/Windisch, e di due concerti a Baden, in cui è stato inserito nella sezione dei Tenori Secondi della compagine lirica, Graziano ha trovato il suo equilibrio nel registro del Baritono Lirico-Drammatico/Lirico-Spinto di tradizione Verdiana, con una estensione che corre dal Re#2 al La#4. In tale veste ha stipulato anche un contratto di produzione per Turandot, Pagliacci, Cavalleria Rusticana, Carmina Burana e Nozze di Figaro in Cina, nei teatri dell'opera delle città di Tianjin e Harbin, tenutosi nel Dicembre 2016.

Nel 2016 visita Berna, Zurigo, Basilea, oltre che le numerose città e borghi dell'Argovia (Madiswil, Schinznach-Dorf, Schinznach-Bad, Brugg-Windish, Oberflachs, Veltheim, Thalheim, Scherz, Lupfig, Birr, Lenzburg, Wildegg, Möriken, Auenstein, Fahr, Au, Baden, Willbach, Villnachern, Linn, Bözberg, Holderbank, Schenkenbergof), nonché Pechino nella trasferta cinese di fine anno.

Il 26 Settembre 2016 Graziano D'Urso presso l'Istituto Superiore di Studi Musicali "Vincenzo Bellini" di Catania ha sostenuto l'esame di ammissione al Triennio Accademico in Canto, Corso di Laurea DCPL-06, per il secondo anno di fila (poiché l'anno precedente non ci sono stati posti disponibili in classe), con la votazione 9.0 su 10.0 classificandosi ancora una volta primo nell'esame di pratica di detta disciplina (l'anno precedente con 8.50 su 10.0, non entrando per assenza di posti liberi). Le arie interpretate sono state: "Quella fiamma che m'accende" di Benedetto Marcello (Aria antica), "Eri tu che macchiavi quell'anima" di Giuseppe Verdi (dall'Opera "Un ballo in Maschera" con recitativo), "Quando incise su quel marmo" di

Vincenzo Bellini (da "Quindici Composizioni da Camera").

Il 7 Ottobre ha sostenuto l'esame di Teoria e Solfeggio (dettato ritmico, dettato melodico, primavista pentagramma, primavista setticlavio, primavista cantato, teoria), e l'11 dello stesso mese ha ricevuto l'e-mail di immatricolazione all'Istituto Catanese, accedendo così ad uno dei quattro posti disponibili per la detta classe, iniziando il percorso di studi accademici con il M° Filippo Piccolo, in qualità di Baritono.

La specializzazione di repertorio, nonché l'impostazione tecnica è stata quella del Baritono Verdiano (a metà tra il Drammatico ed il Lirico-Spinto), con la conferma dell'esame foniatrico condotto dal Dottor Giuseppe Pennisi, specialista in classificazione scientifica della voce cantata su impostazione classica.

Nel Novembre 2016 visita con la famiglia Firenze e Pisa. Nello stesso mese è stato candidato nella lista "Conservatorio Bene Comune" alle elezioni per il rinnovo della Consulta Studentesca dell'Istituto Superiore di Studi Musicali "Vincenzo Bellini" di Catania, ottenendo il risultato di lista più votata nella competizione.

CAPITOLO 3

Dal 2017 ad oggi:
l'inizio della carriera operistica - debutti, titoli, concorsi e premi

Il 7 Febbraio 2017, in occasione del rinnovo della Consulta Giovanile di Acicastello, grazie alla revisione dello Statuto dell'organo ad opera della Delibera Consiliare n. 62 del 2016 (poderosa opera di aggiornamento a cui D'Urso ha speso la quasi totalità delle energie per tutto il mandato precedente), è stato eletto con ampissimo consenso Presidente della stessa, il primo democraticamente scelto a vent'anni dalla nascita della Consulta Giovanile del Comune di Acicastello.

Il primo atto da Presidente (ma ultimo in ambito "politico") è stato quello di convocare un Forum Giovanile sul tema della sensibilizzazione all'integrazione, al tema dell'immigrazione, nonché al tema della lotta alla criminalità organizzata, al terrorismo internazionale; questo, assieme all'ultimo esame universitario sostenuto a Giurisprudenza (a soli sei esami dalla laurea magistrale), è stato l'addio alla carriera forense e/o politica per lasciar spazio definitivo a quella musicale.

Il 6 Maggio 2017, contestualmente alla sospensione di diverse attività musicali parallele, artistiche e professionali (tra le quali: coro lirico siciliano, corsi e lezioni di chitarra nelle scuole, animazione musicale nel duo acustico, direzione dell'orchestra Galatea) e cessate le attività politiche, in occasione di una audizione a Milano per una produzione operistica Graziano D'Urso viene ufficialmente rappresentato da una Agenzia Lirica: "Opera Stage" di Paulina Abber, con sede a Lucca.

Accanto l'intensa attività (iniziata due anni prima) concertistica solistica (al Museo Diocesano di Catania, all'Unione Italiana Ciechi di Catania, alla Basilica di Aci San Filippo, all'Istituto Superiore di Studi Musicali "Vincenzo Bellini" di Catania, all'anfiteatro "Giuseppe Di Stefano di Motta Sant'Anastasia, al Palazzo della Regione Siciliana sede di Catania, al Teatro Greco-Romano di Catania e in Scuole di tutto il territorio catanese con arie di Verdi, Bellini, Donizetti, Rossini, in eventi come "Bellini tra i Giovani", "Concerto di Santa Cecilia", "Mettiamoci all'Opera", "La Sfida dei Musici", etc.), e risvegliando la vecchia passione per la recitazione ed il teatro, nasce il percorso professionale di Graziano in qualità di operista. La carriera inizia con lusinghiere recensioni sulle esibizioni.

Il 31 Maggio 2017 debutta al teatro Sangiorgi di Catania nel ruolo di Tascadoro nell'intermezzo in due atti "L'Amante Burlato" di Paolo Altieri, direzione artistica di Salvatore Carchiolo e regia di Giovanni Grasso. Nel Luglio del 2017 visita Piacenza, Parma e Busseto, in occasione di una serie di audizioni nei teatri cittadini.

Il 14 Luglio ed il 5 Agosto 2017 è Morales nella Carmen di Georges Bizet, produzione del Mythos

Opera Festival a Siracusa, Piazza d'Armi del Castello di Maniace, direzione artistica di Mirco Roverelli e regia di Enrico Stinchelli.

Nell'Agosto 2017 visita in Sicilia Siracusa, Ragusa, Megara Iblea, Pantalica, Palazzolo Acreide, Noto, Punta Secca, Scicli, Modica, Ferla, Vizzini, Mineo, Monterosso Almo, Licodia Eubea, Avola, Marzamemi, Porto Palo. E prima anche Augusta, Brucoli, Scordia, Cesarò, Cerami, Troina, Aidone, Piazza Armerina, Morgantina, Gagliano Castelferrato, Regalbuto, Valguarnera Caropepe.

Il 17 Settembre è Gellner e Dardano in una selezione di arie scelte dalle opere "Wally" e "Dejanice" di Alfredo Catalani in occasione della VII Edizione della Rassegna Musicale "Cori in Concerto" a Lucca, Chiesa di San Francesco, produzione della Corale Polifonica "Città di Viareggio", direttore artistico Gianfranco Cosmi; la videoripresa del concerto, curata dall'emittente NoiTv Lucca, è andata in diretta sulla televisione locale e ritrasmessa in replica in occasione dell'allestimento dell'opera di Catalani al Teatro del Giglio. In questa occasione visita il centro storico de borgo medievale.

Il 30 Settembre successivo è Gordiano, un servitore e Re Atrace a Siracusa nello spettacolo barocco "Dalla Padella alla Bragia", selezione di scene da opere di fine '600, direzione artistica di Luca

Ambrosio maestro al cembalo, scenografia e costumi di Stefania Federico, coreografia di Melissa Gramaglia.

Dal 13 Ottobre al 29 Novembre è Renato e Silvano in "Un Ballo in Maschera" di Giuseppe Verdi, in Romania, Austria e Germania, Schlote Production – Compagnia d'Opera Italiana di Milano, e Rigoletto nel connesso Gala: Opera Brasov, Direzione Artistica di Traian Ichim e Luciano Di Martino, Regia di Corinna Boskovsky. In questa occasione visita Brasov, Rasnov, Sinaia, Peles, Bran, Augsburg, Hanau, Langenselbold, Gummersbach, Bochum, Dortmund, Essen, Lunen, Recklinghausen, Wels, Steyr, Knittelfeld, Sattledt, Linz, Villach. Debutta a Modica con due importanti concerti presso la Fondazione Teatro Garibaldi, sotto la direzione artistica del Prof. Giovanni Cultrera, nel Gran Galà della Musica Lirica e Sinfonica del 9 Dicembre 2017 e nel Concerto di Capodanno dell'1 Gennaio 2018, chiudendo ed aprendo, rispettivamente, le stagioni concertistiche 2016/2017 e 2017/2018 del Teatro modicano.

In audizione si esibisce, tra il Novembre ed il Dicembre 2017, a Trapani, Pisa, Roma e Como, dove per la 69° edizione del Concorso As.Li.Co. supera le preselezioni per il ruolo di Falstaff dell'omonima opera di Giuseppe Verdi. Nel Gennaio 2018 visita Stoccarda, in occasione di un'audizione allo Stadttheater.

Il 29 Aprile 2018 è Seid ne "Il Corsaro" di Giuseppe Verdi" in forma di concerto in anteprima alla stagione operistica "In...Canto d'Opera" del Teatro Municipale di Piacenza, presso la Sala dei Teatini, produzione della Fondazione Teatri Piacenza in collaborazione con l'Associazione Culturale "Nel Pozzo del Giardino", direttore al pianoforte Marco Beretta.

Da una precedente esperienza nell'Ottobre 2017, nel Maggio 2018 entra stabilmente nella compagine degli artisti lirici dell'Italian Opera Taormina, inaugurando gli special events con un Omaggio a Giuseppe Verdi, e proseguendo con numerosi concerti durante la stagione estiva al Teatro "San Giorgio" di Taormina, collaborando con artisti del calibro dei soprani Elisabetta Zizzo e Maria Grazia Tringale, e dei pianisti M° Antonio Gennaro e M° Antonio Cardone, Silvia Di Falco direttore artistico. Il 23 Giugno 2018, al Concerto di Gala dei finalisti all'VIII Edizione del Concorso Internazionale di Canto Lirico "Vincenzo Bellini" del Lions Club Catania Bellini, viene proclamato vincitore del Primo Premio e gli viene assegnata una borsa di studio di 1.000€; primo cantante di registro vocale maschile nella storia della competizione ad aggiudicarsi il titolo, con votazione 91.66.

Nel mese successivo, il 13 Luglio, inaugura la rassegna di concerti d'opera in occasione dei solenni festeggiamenti in onore di Maria SS. del Monte Carmelo a Misterbianco con lo spettacolo "Tutti all'Opera" in Piazza Vincenzo Cannone, col soprano Maria Grazia Tringale e con la pianista Giulia Russo. Visita in Sicilia Melia, Mongiuffi, Roccafiorita.

Nell'Agosto 2018, prima riveste i panni di Gordiano, Vafrino e Re Atrace nello spettacolo "Il Buon vin mi fa buon pro" a Siracusa, presso l'Ex convento del Ritiro ad Ortigia con la produzione Harmoniosi Concenti, e successivamente (16 e 21 Agosto) debutta i ruoli di Angelotti e del Carceriere nella Tosca di Giacomo Puccini al Teatro Antico di Taormina, produzione del Taormina Opera Stars, direttore artistico Davide Dellisanti, direttore d'orchestra Gianna Fratta e regia di Bruno Torrisi, collaborando con artisti del calibro di Marcello Giordani e Francesco Anile (Cavaradossi), Carmela Apollonio e Maria Tomassi (Tosca), e Pedro Carrillo (Scarpia).

Il successivo 28 Agosto è il Marchese d'Obigny ne "La Traviata" di Giuseppe Verdi, sempre al teatro Antico di Taormina, produzione del Mythos Opera Festival, direzione artistica di Enrico Stinchelli, direzione d'orchestra di Filippo Arlia, regia di Antoniu Zamfir. Nell'Ottobre successivo visita per una audizione la città di Bad Homburg Vor Der Höhe nell'Assia, passando per l'aeroporto di Francoforte. Nel Novembre successivo è protagonista di un Concerto presso la Sala Coro di Notte del Monastero dei Benedettini - Dipartimento di Scienze Umanistiche dell'Università degli Studi di Catania, organizzato dalla Fondazione Bellini. Nello stesso mese è, in qualità di cantante lirico concertista, figurante nel film "La Regola d'Oro" di Alessandro Lunardelli, girato al Teatro Antico di Taormina, produzione Pupkin e Rai Cinema.

Il 20 Novembre, in luogo di primo non eletto, subentra al collega Antonio Di Carlo come membro della Consulta degli Studenti dell'Istituto Superiore di Studi Musicali "Vincenzo Bellini" di Catania; il successivo 27 Novembre è eletto, per la componente studentesca, membro del Consiglio di Amministrazione del suddetto ente A.F.A.M. Il 19 Dicembre si esibisce per la FIDAPA di Catania, il 29 Dicembre per l'Italian Opera Taormina (nel consueto concerto di Natale), l'1 Gennaio 2019 nel doppio concerto di Capodanno per la Fondazione Teatro Garibaldi di Modica, e nello stesso mese debutta al teatro Donnafugata di Ragusa, per la stagione dell'Ibla Classica International, con il concerto del 20 Gennaio "L'Opera è di scena". Figura sulla testata giornalistica "La Sicilia", ed altri quotidiani online, come portavoce della classe studentesca dell'Istituto Superiore di Studi Musicali "Vincenzo Bellini" di Catania, con riferimento ad una battaglia studentesca che vede protagonisti la Consulta degli Studenti e la Dirigenza dell'Istituto.

L'1 Aprile 2019 si esibisce al Teatro Massimo "Vincenzo Bellini" di Catania nel Concerto "Musica e Gourmet" in occasione del 30° Congresso della Federazione italiana cuochi organizzato dal CookingFest e prodotto dell'Ente lirico catanese, con il Bellini Ensemble diretto da Aldo Ferrente, direzione artistica di Francesco Nicolosi, Sovrintendenza di Roberto Grossi. Riceve in questo periodo l'attestato di completamento del corso in preparazione al matrimonio conseguito con la fidanzata Emanuela Motta.

L'11 aprile si dimette da Presidente del Gruppo Comunale AIDO di Aci Castello e, contestualmente, da delegato provinciale e regionale dell'associazione come condotta solidale al direttivo provinciale, destinatario di comportamenti inadeguati ad opera del direttivo nazionale. Nel maggio 2019 è ancora Cesare Angelotti in Svizzera, a Briga (Jesuitenkirche), Soletta (Jesuitenkirche) e Zurigo Enge (Reformiertekirche), nella "Tosca" di Giacomo Puccini, produzione di BoxOpera, direzione artistica di Peter Bernhard, direzione d'orchestra di Massimo Morelli, regia di Ulrich Peters.

Il 22 maggio riceve l'approvazione in qualità di membro del Consiglio di Amministrazione dell'Istituto Superiore di Studi Musicali "Vincenzo Bellini" di Catania, da parte del Ministro dell'Istruzione, dell'Università e della Ricerca. L'8 giugno come concertista per la Società Catanese Amici della Musica riceve una recensione molto lusinghiera ad opera del Prof. Aldo Mattina.

Il 23 Giugno 2019 è ospite alla terza edizione del Festival Internazionale Shkin-Opera, Oblast' di Mosca, in Russia, interprete, fra gli altri artisti internazionali, all'inaugurazione teatrale della rassegna, del repertorio lirico italiano, classico popolare e napoletano, nel Concerto "Bravo, Bravissimo" accompagnato dall'Orchestra Sinfornica del Teatro dell'Opera di Voronezh, diretta da Yurij Anisichkin; direzione Artistica di Kostantin Didenko - evento preceduto da un'anteprima al pianoforte il giorno precedente nella città di Kolomna, Oblast' di Mosca -.

A partire da questo periodo è rappresentato nel mercato russo dall'Agenzia di Concerti "Opera di Mosca" di Yulia Putovoytova. Il 12 Luglio seguente è Re Amonasro nella "Aida" di Giuseppe Verdi in Germania (Burg Eppstein), produzione dell'Opera

Classica Europa, direzione artistica e regia di Micheal Vaccaro, direzione d'orchestra di Adi Bar, Coro e Orchestra del Teatro Nazionale di Opera e Balletto di Costanza "Oleg Danovski"; in tale occasione visita Eppstein, Espenshied e Kaufunghen.

Il 24 agosto 2019 veste i panni del tenente Zuniga nella "Carmén" di Georges Bizet al Teatro Antico di Taormina, produzione del Taormina Opera Stars, sotto la direzione d'orchestra di Gianna Fratta, regia di Carlo Antonio De Lucia, direzione artistica di Davide Dellisanti.

L'8 settembre successivo riceve ad honorem il premio alla sicilianità "Collina di Polifemo" dall'Associazione "L'Isola che non c'è" di Aci Castello per essersi distinto per meriti artistici a livello nazionale e internazionale. A partire dallo stesso mese è rappresentato nel mercato concertistico israeliano dall'agenzia "Symfunny" di Denis Vull.

Il 7 ottobre incomincia a scrivere per la testata giornalistica online "L'Urlo" ed il 21 dello stesso mese consegue il Diploma Accademico di Primo Livello in Canto - DCPL06 con votazione 110 e Lode con una tesi sul capolavoro verdiano "Un ballo in maschera". La commissione ha espresso per l'occasione la seguente motivazione: "Per le eccellenti qualità tecnico-artistiche dimostrate nell'interpretazione del ruolo presentato, supportato da un altrettanto apprezzato e approfondito lavoro di ricerca corredato da un ampio apparato bibliografico".

Il seguente 3 novembre si immatricola al Biennio Accademico di Secondo Livello in Canto - DCSL06 presso il medesimo Istituto.

Il 9 dicembre 2019 riceve *honoris causa* il premio "Domenico Danzuso" per l'Opera Lirica dagli enti promotori del prestigioso riconoscimento al Palazzo Biscari di Catania; nell'occasione si esibisce nella celebre aria di Rigoletto "*Cortigiani, vil razza dannata,* e a seguire, il 14 dello stesso mese, debutta il ruolo di Basso Solo nella Messa in La Minore di "Vincenzo Bellini" presso la Chiesa di San Giuliano a Catania, direttore d'orchestra Giuseppe Romeo, maestro del Coro Carmelo Crinò, Coro e Orchestra dell'Istituto Superiore di Studi Musicali "Vincenzo Bellini" di Catania.

Nel febbraio 2020 inserisce il proprio curriculum professionale sulle piattaforme ANPAL ed EURES, e inoltra MAD Classica a tutti gli istituti secondari di primo grado della provincia catanese, con l'obbiettivo di entrare del settore pubblico della docenza musicale, cominciando con incarichi di supplenza.

Tra il 17 ed il 20 dello stesso mese pubblica, attraverso l'editore Lulu.com, dodici dei suoi scritti: "Ritmica-Mente Guitar", "Ritmica-Mente Ukulele", "Ritmica-Mente Bass", "Il Codice della Chitarra",

"Amministrazione di complessi orchestrali privati"," Un ballo in maschera. Analisi storica, bibliografica, drammaturgica e compositiva del capolavoro verdiano", "Poesie", "Pensieri", "Xiphonia", "La vera storia di Acitrezza", "Il Manifesto Sofiocratico", "I miei trent'anni".

SECONDA PARTE

CAPITOLO 1

Elenco degli spettacoli in qualità di Cantante Lirico – Baritono, solista

Spettacoli in qualità di Baritono Solista (124), di cui:

Recite d'Opera e Spettacoli in forma scenica **(24)**

I - 31/05/2017 - "L'Amante Burlato" di Paolo Altieri (1° recita - 1° produzione), nel ruolo di **Tascadoro** - Teatro "Sangiorgi" di Catania; direzione artistica di Salvatore Carchiolo, regia di Giovanni Grasso, produzione dell'Istituto Musicale "Vincenzo Bellini" di Catania in collaborazione con il Teatro Massimo "Vincenzo Bellini" di Catania.

II - 14/07/2017 - "Carmén" di Georges Bizét (1° recita - 1° produzione), nel ruolo di **Moralés** - Castello di Maniace di Siracusa; direzione artistica di Mirco Rovelli, regia di Enrico Stinchelli, produzione del Mythos Opera Festival.

III - 24/07/2017 - "La Sfida dei Musici" di spettacolo in forma scemi-scenica Andrea Gargiulo, nel ruolo di **Maestri Tastoni** e **Bach**, produzione del Teatro Massimo "Vincenzo Bellini" di Catania PON Progetto Sistema e PON legalit-ars, direzione artistica di M° Andrea Gargiulo, regia di Ezio Donato, Teatro Greco-Romano di Catania.

IV - 05/08/2017 - "Carmén" di Georges Bizét, (2° recita - 1° produzione) nel ruolo di **Moralés** - Castello di Maniace di Siracusa; direzione artistica di Mirco Rovelli, regia di Enrico Stinchelli, produzione del Mythos Opera Festival.

V - 30/09/2017 - "Il Buon vin mi fa buon pro" *potpourri* di Luca Ambrosio (1° recita - 1° produzione), scene tratte da "Dalla padella alla bragia" di Domenico Filippo Contini nel ruolo di **Gordiano**, "L'Empio punito" di Alessandro Melani nel ruolo del **Re Atrace**, e "L'Adalinda" di Pier Simone Agostini nel ruolo di **Vafrino** - Castello Francica Nava di Siracusa; direzione artistica del M° Luca Ambrosio, regia di Melissa Gramaglia, produzione dell'Associazione Harmoniosi Concenti.

VI - 30/09/2017 - "Il Buon vin mi fa buon pro" *potpourri* di Luca Ambrosio (2° recita - 1° produzione), scene tratte da "Dalla padella alla bragia" di Domenico Filippo Contini nel ruolo di **Gordiano**, "L'Empio punito" di Alessandro Melani nel ruolo del **Re Atrace**, e "L'Adalinda" di Pier Simone Agostini nel ruolo di **Vafrino** - Castello Francica Nava di Siracusa; direzione artistica del M° Luca Ambrosio, regia di Melissa Gramaglia, produzione dell'Associazione Harmoniosi Concenti.

VII - 25/10/2017 - "Un Ballo in Maschera" di Giuseppe Verdi, nel ruolo di **Silvano**. Produzione della Compagnia d'Opera Italiana di Milano. Orchestra e Coro dell'Opera Brasov. Direzione Artistica: Luciano di Martino. Regia: Corinna Boskovsky. (1° recita - 1° produzione). Presso Opera Brasov di Brasov, Romania.

VIII - 26/10/2017 - "Un Ballo in Maschera" di Giuseppe Verdi, nel ruolo di **Renato**. Produzione della Compagnia d'Opera Italiana di Milano. Orchestra e Coro dell'Opera Brasov. Direzione Artistica: Traian Ichim. Regia: Corinna Boskovsky. (1° recita - 1° produzione). Presso Opera Brasov di Brasov, Romania.

IX - 29/10/2017 - "Un Ballo in Maschera" di Giuseppe Verdi, nel ruolo di **Renato**. Produzione della Compagnia d'Opera Italiana di Milano. Orchestra e Coro dell'Opera Brasov. Direzione Artistica: Traian Ichim. Regia: Corinna Boskovsky. (2° recita - 1° produzione). Presso Congress Center di Villach, Austria.

X - 30/10/2017 - "Un Ballo in Maschera" di Giuseppe Verdi, nel ruolo di **Silvano**. Produzione della Compagnia d'Opera Italiana di Milano. Orchestra e Coro dell'Opera Brasov. Direzione Artistica: Traian Ichim. Regia: Corinna Boskovsky. (2° recita - 1° produzione). Presso Stadttheater di Wels, Austria.

XI - 02/11/2017 - "Un Ballo in Maschera" di Giuseppe Verdi, nel ruolo di **Silvano**. Produzione della Compagnia d'Opera Italiana di Milano. Orchestra e Coro dell'Opera Brasov. Direzione Artistica: Traian Ichim. Regia: Corinna Boskovsky. (3° recita - 1° produzione). Presso Stadttheater di Steyr, Austria.

XII - 03/11/2017 - "Un Ballo in Maschera" di Giuseppe Verdi, nel ruolo di **Renato**. Produzione della Compagnia d'Opera Italiana di Milano. Orchestra e Coro dell'Opera Brasov. Direzione Artistica: Traian Ichim. Regia: Corinna Boskovsky. (3° recita - 1° produzione). Presso Parktheater di Augsburg, Germania.

XIII - 05/11/2017 - "Un Ballo in Maschera" di Giuseppe Verdi, nel ruolo di **Silvano**. Produzione della Compagnia d'Opera Italiana di Milano. Orchestra e Coro dell'Opera Brasov. Direzione Artistica: Traian Ichim. Regia: Corinna Boskovsky. (4° recita - 1° produzione). Presso Congress Park di Hanau, Germania.

XIV - 10/11/2017 - "Un Ballo in Maschera" di Giuseppe Verdi, nel ruolo di **Renato**. Produzione della Compagnia d'Opera Italiana di Milano. Orchestra e Coro dell'Opera Brasov. Direzione Artistica: Traian Ichim. Regia: Corinna Boskovsky. (4° recita - 1° produzione). Presso Theater di Gummersbach, Germania.

XV - 07/08/2018 - "Il Buon vin mi fa buon pro" *potpourri* di Luca Ambrosio (3° recita - 1° produzione), scene tratte da "Dalla padella alla bragia" di Domenico Filippo Contini nel ruolo di **Gordiano**, "L'Empio punito" di Alessandro Melani nel ruolo del **Re Atrace**, e "L'Adalinda" di Pier Simone Agostini nel ruolo di **Vafrino** - Ex Monastero del Ritiro di Siracusa; direzione artistica del M° Luca Ambrosio, regia di Melissa Gramaglia, produzione dell'Associazione Harmoniosi Concenti.

XVI - 08/08/2018 - "Il Buon vin mi fa buon pro" *potpourri* di Luca Ambrosio (4° recita - 1° produzione), scene tratte da"Dalla padella alla bragia" di Domenico Filippo Contini nel ruolo di **Gordiano**, "L'Empio punito" di Alessandro Melani nel ruolo del **Re Atrace**, e "L'Adalinda" di Pier Simone Agostini nel ruolo di **Vafrino** - Ex Monastero del Ritiro di Siracusa; direzione artistica del M° Luca Ambrosio, regia di Melissa Gramaglia, produzione dell'Associazione Harmoniosi Concenti.

XVII - 16/08/2018 - "Tosca" di Giacomo Puccini, nel ruolo del **Carceriere**, Produzione del Taormina Opera Stars. Direzione Artistica di Davide Dellisanti, Direzione d'orchestra di Gianna Fratta, Regia di Bruno Torrisi. (1° recita - 1° produzione). Presso il Teatro Antico di Taormina, Italia.

XVIII - 21/08/2018 - "Tosca" di Giacomo Puccini, nel ruolo di **Cesare Angelotti** e nel ruolo del **Carceriere**, Produzione del Taormina Opera Stars. Direzione Artistica di Davide Dellisanti, Direzione d'orchestra di Gianna Fratta, Regia di Bruno Torrisi. (2° recita - 1° produzione). Presso il Teatro Antico di Taormina, Italia.

XIX - 28/08/2018 - "La Traviata" di Giuseppe Verdi, nel ruolo del **Marchese d'Obingy**, produzione del Mythos Opera Festival. Direzione artistica di Enrico Stinchelli, direzione d'orchestra di Filippo Arlia, regia di Antoniu Zamfir. (1° recita - 1° produzione). Presso il Teatro Antico di Taormina, Italia.

XX - 15/05/2019 - "Tosca" di Giacomo Puccini, nel ruolo di **Cesare Angelotti**, produzione di BoxOpera. Direzione artistica di peter Bernhard, direzione d'orchestra di Massimo Morelli, regia di Ulrich Peters. (1° recita - 2° produzione). Presso Kollegiumskirche Brig-Glis, Svizzera.

XXI - 17/05/2019 - "Tosca" di Giacomo Puccini, nel ruolo di **Cesare Angelotti**, produzione di BoxOpera. Direzione artistica di peter Bernhard, direzione d'orchestra di Massimo Morelli, regia di Ulrich Peters. (2° recita - 2° produzione). Presso Jesuitenkirche Solothurn, Svizzera.

XXII - 18/05/2019 - "Tosca" di Giacomo Puccini, nel ruolo di **Cesare Angelotti**, produzione di BoxOpera. Direzione artistica di peter Bernhard, direzione d'orchestra di Massimo Morelli, regia di Ulrich Peters. (3° recita - 2° produzione). Presso Reformierte Kirche Enge, Svizzera.

XXIII - 12/07/2019 - "Aida" di Giuseppe Verdi, nel ruolo di **Amonasro**, produzione di Opera Classica Europa. Direzione d'Orchestra di Adi Bar, Direzione Artistica e Regia di Micheal Vaccaro (1° recita - 1° produzione). Presso Burg Eppstein, Germania.

XXIV - 24/08/2019 - "Carmén" di Georges Bizét (1° recita - 1° produzione) - nel ruolo del tenente **Zuniga,** Teatro Antico di Taormina, produzione del Taormina Opera Stars, direzione d'orchestra di Gianna Fratta, direzione artistica di Davide Dellisanti, regia di Carlo Antonio De Lucia, Coro e Orchestra del Taormina Opera Stars.

Concerti e opere in forma di concerto **(100)**

I - 29/12/2014 - Concerto di Natale - esecuzione di musica sacra e arie scelte da "La Sonnambula" di Vincenzo Bellini (nel ruolo di **Rodolfo**) e dalle "Composizioni da Camera" di Giuseppe Verdi -, della "Galatea - L'orchestra del CSA", direttore Artistico M° Annalisa Pennisi, Chiesa del Ss. Crocifisso dei Miracoli (Catania).

II - 30/12/2014 - Concerto di Fineanno - esecuzione di musica sacra e arie scelte da "La Sonnambula" di Vincenzo Bellini (nel ruolo di **Rodolfo**) e dalle "Composizioni da Camera" di Giuseppe Verdi -, della "Galatea - L'orchestra del CSA", direttore Artistico M° Annalisa Pennisi, presso il Parco "Villa Silvia" di Valverde (CT).

III - 05/01/2015 - Concerto di Capodanno - esecuzione di musica sacra e arie scelte da "La Sonnambula" di Vincenzo Bellini (nel ruolo di **Rodolfo**) e dalle "Composizioni da Camera" di Giuseppe Verdi -, della "Galatea - L'orchestra del CSA", direttore Artistico M° Annalisa Pennisi, Chiesa San Giovanni Battista di Acitrezza (CT). IV - 24/06/2015 - Concerto di San Giovanni Battista - Esecuzione dell'"Inno a San Giovanni" -, della "Galatea - L'orchestra del CSA", direttore Artistico Graziano D'Urso, Largo del Bastionello (Acitrezza - CT).

V - 19/12/2015 - Concerto di Natale - esecuzione musica sacra e di musica da camera del XIX e XX secolo, italiana, napoletana, siciliana - della "Galatea - L'orchestra del CSA", direttore Artistico Graziano D'Urso, Chiesa San Giovanni Battista di Acitrezza (CT).

VI - 27/12/2015 - Concerto di Fineanno - esecuzione di musica sacra e di musica da camera del XIX e XX secolo, italiana, napoletana, siciliana - della "Galatea - L'orchestra del CSA", direttore Artistico Graziano D'Urso, Chiesa del Ss. Crocifisso dei Miracoli (Catania).

VII - 17/01/2016 - Concerto - esecuzione di musica sacra e di musica da camera del XIX e XX secolo, italiana, napoletana, siciliana - della "Galatea - L'orchestra del CSA", direttore Artistico Graziano D'Urso, presso la Chiesa di Santa Maria Ammalati (Acireale - CT).

VIII - 29/01/2016 - Classic Music Performance - esecuzione di arie scelte da "L'Italiana in Algeri" di Gioacchino Rossini (nel ruolo di **Mustafà**) e "Quindici composizioni da camera" di Vincenzo Bellini -, I Edizione Istituto Comprensivo Statale "Fuccio - La Spina" di Acireale (CT), direttore artistico Prof.ssa Castiglione, maestro accompagnatore M° Alfredo Andronaco.

IX - 06/07/2016 – Concerto conclusivo XXI stagione concertistica dell'Associazione Culturale "Non Solo Classica International 2013" - esecuzione di arie scelte da "Un Ballo in Maschera" di Giuseppe Verdi (nel ruolo di **Renato**) e "Don Pasquale" di Gaetano Donizetti (nel ruolo di **Malatesta**) - presso l'Unione Italiana Ciechi di Catania, direttore artistico M° Giovanni Cultrera, Maestro Accompagnatore M° Alberto Alibrandi.

X - 14/08/2016 - Concerto di Canzoni d'amore italiane presso la Concert Hall di Villa Boveri a Baden (Svizzera), produzione dell'Oper Schenkenberg, maestro al pianoforte Giuliano Betta.

XI - 21/08/2016 - Concerto di Canzoni d'amore italiane presso la Concert Hall di Villa Boveri a Baden (Svizzera), produzione dell'Oper Schenkenberg, maestro al pianoforte Giuliano Betta.

XII - 19/11/2016 - Classic Music Performance - esecuzione di arie scelte da "Un Ballo in Maschera" (nel ruolo di **Renato**) e "Rigoletto" (nel ruolo di **Rigoletto**) di Giuseppe Verdi -, II Edizione Istituto Comprensivo Statale "Fuccio - La Spina" di Acireale (CT), direttore artistico Prof.ssa Castiglione, maestro accompagnatore M° Alfredo Andronaco.

XIII - 22/11/2016 - Concerto di "Santa Cecilia" - esecuzione di arie scelte da "Rigoletto" di Giuseppe Verdi (nel ruolo di **Rigoletto**) -, Istituto Superiore di Studi Musicali "Vincenzo Bellini" di Catania, direttore artistico M° Filippo Piccolo, maestro accompagnatore M° Alberto Alibrandi.

XIV - 27/11/2016 - Concerto Lirico "Mettiamoci all'Opera" - esecuzione di arie scelte da "Un Ballo in Maschera" (nel ruolo di **Renato**) e "Rigoletto" (nel ruolo di **Rigoletto**) di Giuseppe Verdi - dell'Associazione Culturale "Non Solo Classica International 2013", Basilica di Aci San Filippo, direttore artistico M° Filippo Piccolo, Maestro al pianoforte M° Emanuele Sapienza.

XV - 03/04/2017 - Concerto "Bellini tra i Giovani" - esecuzione di arie scelte da "Adelson e Salvini" (nel ruolo di **Struley**) e "Beatrice di Tenda" (nel ruolo di **Filippo**) di Vincenzo Bellini -, direttore artistico M° Salvatore Samperi, Maestro accompagnatore M° Francesco Tuttolomondo, presso l'Istituto Comprensivo Statale "Battisti", Catania.

XVI - 10/04/2017 - Concerto "Bellini tra i Giovani" - esecuzione di arie scelte da "Beatrice di Tenda" di Vincenzo Bellini (nel ruolo di **Filippo**) -, direttore artistico M° Salvatore Samperi, Maestro accompagnatore M° Francesco Tuttolomondo, presso Istituto Comprensivo Statale "Pestalozzi", Catania.

XVII - 08/05/2017 - Concerto "Bellini tra i Giovani" - esecuzione di arie scelte da "I Puritani" (nel ruolo di **Giorgio**) e "Beatrice di Tenda" di Vincenzo Bellini (nel ruolo di **Filippo**) -, direttore artistico M° Salvatore Samperi, Maestro accompagnatore M° Francesco Tuttolomondo, presso Liceo Musicale "Angelo Musco", Catania.

XVII - 04/06/2017 - Concerto Conclusivo "Bellini tra i Giovani" - esecuzione di arie scelte da "I Puritani" (nel ruolo di **Giorgio**) e "Beatrice di Tenda" di Vincenzo Bellini (nel ruolo di **Filippo**) -, direttore artistico M° Salvatore Samperi, Maestro accompagnatore M° Francesco Tuttolomondo, presso il Museo Diocesano di Catania.

XIX - 13/06/2017 - Saggio di fine anno accademico, - esecuzione di arie scelte da "Un Ballo in Maschera" di Giuseppe Verdi (nel ruolo di **Renato**) e "L'Elisir d'Amore" di Gaetano Donizetti (nel ruolo di **Dulcamara**) - Istituto Musicale "Vincenzo Bellini" di Catania, direttore artistico M° Filippo Piccolo, maestro accompagnatore M° Alberto Alibrandi.

XX - 12/09/2017 - Concerto "Ricordando...! Giuseppe Di Stefano", esecuzione di arie scelta da "Il Corsaro" di Giuseppe Verdi (nel ruolo di **Seid**) e da "Stiffelio" di Giuseppe Verdi (nel ruolo di **Stankar**), e dal repertorio classico operettistico e napoletano presso Anfiteatro del Parco "Giuseppe Di Stefano" di Motta Sant'Anastasia (CT), Direzione Artistica di M° Maria Schillaci, Maestro al Pianoforte M° Giulia Russo.

XXI - 17/09/2017 - Esecuzione di brani scelti da "Wally" (nel ruolo di **Gellner**) e "Dejanice" (nel ruolo di **Dardano**) di Alfredo Catalani in occasione della VII Edizione della Rassegna Musicale "Cori in Concerto" produzione della Polifonica Città di Viareggio, Direzione Artistica del M° Gianfranco Cosmi, Auditorium (ex Chiesa) di San Francesco - Lucca.

XXII - 02/10/2017 - Concerto dell'Italian Opera Taormina presso il Teatro San Giorgio di Taormina - esecuzione di arie scelte da "Andrea Chénier" di Umberto Giordano (nel ruolo di **Carlo Gèrard**), "Rigoletto" di Giuseppe Verdi (nel ruolo di **Rigoletto**), "Nozze di Figaro" di Wolfgang Amadeus Mozart (nel ruolo di **Figaro**), e dal repertorio classico operettistico e napoletano. Direzione artistica di M° Silvia Di Falco, maestro al pianoforte M° Antonio Gennaro.

XXIII - 21/10/2017 - "Un Ballo in Maschera" di Giuseppe Verdi nel ruolo di **Renato** e "Rigoletto" di Giuseppe Verdi nel ruolo di **Rigoletto**. Orchestra e Coro dell'Opera Brasov, Direzione Artistica: M° Luciano Alessandro Di Martino. Gran Concerto d'Opera "Fest der schönen Stimmen Große Operngala" Compagnia d'Opera Italiana di Milano, presso Opera Brasov di Brasov, Romania.

XXIV - 31/10/2017 - "Un Ballo in Maschera" di Giuseppe Verdi nel ruolo di **Renato** e "Rigoletto" di Giuseppe Verdi nel ruolo di **Rigoletto**. Orchestra e Coro dell'Opera Brasov, Direzione Artistica: M° Traian Ichim. Gran Concerto d'Opera "Fest der schönen Stimmen Große Operngala" Compagnia d'Opera Italiana di Milano, presso Kulturhaus di Knittelfeld, Austria.

XXV - 07/11/2017 - "Un Ballo in Maschera" di Giuseppe Verdi nel ruolo di **Renato** e "Rigoletto" di Giuseppe Verdi nel ruolo di **Rigoletto**. Orchestra e Coro dell'Opera Brasov, Direzione Artistica: M° Traian Ichim. Gran Concerto d'Opera "Fest der schönen Stimmen Große Operngala" Compagnia d'Opera Italiana di Milano, presso Ruhrfestspielhaus di Recklinghausen, Germania.

XXVI - 08/11/2017 - "Un Ballo in Maschera" di Giuseppe Verdi nel ruolo di **Renato** e "Rigoletto" di Giuseppe Verdi nel ruolo di **Rigoletto**. Orchestra e Coro dell'Opera Brasov, Direzione Artistica: M° Traian Ichim. Gran Concerto d'Opera "Fest der schönen Stimmen Große Operngala" Compagnia d'Opera Italiana di Milano, presso Hilpert-Theater di Lunen, Germania.

XXVII - 09/12/2017 - Gran Galà della Musica Lirica e Sinfonica presso il Teatro "Giuseppe Garibaldi" di Modica. Esecuzione di Arie scelte da "Baribere di Siviglia" di Gioacchino Rossini (nel ruolo di **Don Basilio**), "Nozze di Figaro" di Wolfgang Amadeus Mozart (nel ruolo di **Figaro**), e dal repertorio classico operettistico e napoletano. Orchestra dell'Istituto Musicale "Vincenzo Bellini" di Catania, direzione d'orchestra Prof. Giuseppe Romeo, direzione artistica Prof. Giovanni Cultrera.

XXVIII - 22/12/2017 - Concerto di Natale presso il Palazzo della Regione Sicilia sede di Catania. Esecuzione di Arie scelte da "I Puritani" di Vincenzo Bellini (nel ruolo di **Riccardo**), e duetti dal repertorio classico operettistico, napoletano e natalizio. Maestro al Pianoforte M° Giovanni Falcone.

XXIX - 01/01/2018 - Concerto di Capodanno (primo spettacolo: abbonati), presso il Teatro "Giuseppe Garibaldi" di Modica. Esecuzione di Arie scelte da "Barbere di Siviglia" di Gioacchino Rossini (nel ruolo di **Don Basilio**), da "Traviata" di Giuseppe Verdi (nel ruolo di **Giorgio Germont**), da "Don Giovanni" di Wolfgang Amadeus Mozart (nel ruolo di **Don Giovanni**), e dal repertorio classico operettistico e napoletano. Civica Filarmonica di Modica, direttore d'orchestra M° Pietro Francesco, direzione artistica Prof. Giovanni Cultrera.

XXX - 01/01/2018 - Concerto di Capodanno (secondo spettacolo: fuori abbonamento), presso il Teatro "Giuseppe Garibaldi" di Modica. Esecuzione di Arie scelte da "Barbere di Siviglia" di Gioacchino Rossini (nel ruolo di **Don Basilio**), da "Traviata" di Giuseppe Verdi (nel ruolo di **Giorgio Germont**), da "Don Giovanni" di Wolfgang Amadeus Mozart (nel ruolo di **Don Giovanni**), e dal repertorio classico operettistico e napoletano. Civica Filarmonica di Modica, direttore d'orchestra M° Pietro Francesco, direzione artistica Prof. Giovanni Cultrera.

XXXI - 19/04/2018 - Concerto di Diploma Accademico di Giovanni Luca Failla, presso l'Auditorium dell'Istituto Superiore di Studi Musicali "Vincenzo Bellini" di Catania, nel ruolo di **Leporello** del "Don Giovanni" di Wolfgang Amadeus Mozart. Direttore Artistico M° Filippo Piccolo, maestro al pianoforte M° Alberto Alibrandi.

XXXII - 29/04/2018 - Concerto di presentazione delle Opere in Stagione "Il Corsaro" di Giuseppe Verdi nel ruolo di **Seid**, produzione dell'Associazione Culturale "Nel Pozzo del Giardino" in collaborazione con la Fondazione Teatri Piacenza -, direttore al pianoforte M° Marco Beretta - Sala dei Teatini (Piacenza).

XXIII - 05/05/2018 - Concerto dell'Italian Opera Taormina "Omaggio a Giuseppe Verdi" presso il Teatro San Giorgio di Taormina - esecuzione di arie scelte da "Rigoletto", "Un Ballo in Maschera" e "Traviata" di Giuseppe Verdi, nei ruoli di **Rigoletto**, **Renato** e **Giorgio Germont**. Direzione artistica di M° Silvia Di Falco, maestro al pianoforte M° Antonio Gennaro.

XXXIV - 21/05/2018 - Concerto dell'Italian Opera Taormina presso il Teatro San Giorgio di Taormina - esecuzione di arie scelte da "Andrea Chénier" di Umberto Giordano (nel ruolo di **Carlo Gèrard**), "Rigoletto" di Giuseppe Verdi (nel ruolo di **Rigoletto**), "Nozze di Figaro" e "Don Giovanni" di Wolfgang Amadeus Mozart (nel ruolo di **Figaro** e **Don Giovanni**), e dal repertorio classico napoletano. Direzione artistica di M° Silvia Di Falco, maestro al pianoforte M° Antonio Cardone.

XXXV - 06/06/2018 - Concerto dell'Italian Opera Taormina presso il Teatro San Giorgio di Taormina - esecuzione di arie scelte da "Il Barbiere di Siviglia" di Gioacchino Rossini (nel ruolo di **Basilio**), "Rigoletto" di Giuseppe Verdi (nel ruolo di **Rigoletto**), "Nozze di Figaro" di Wolfgang Amadeus Mozart (nel ruolo di **Figaro**), e dal repertorio classico napoletano e operettistico. Direzione artistica di M° Silvia Di Falco, maestro al pianoforte M° Antonio Cardone.

XXXVI - 23/06/2018 - Concerto dei finalisti del Concorso Internazionale di Canto Lirico "Vincenzo Bellini" organizzato dal Lions Club di Catania, esecuzione di arie scelte da "I Puritani" di Vincenzo Bellini nel ruolo di **Riccardo**, presso il Palazzo Platamone. Direttore Artistico Prof.ssa Maria Santina Schillaci.

XXXVII - 27/06/2018 - Concerto conclusivo della stagione concertistica presso l'Unione Italiana Ciechi di Catania - esecuzione di arie scelte da "I Puritani" di Vincenzo Bellini nel ruolo di Riccardo e da "Il Corsaro" di Giuseppe Verdi (nel ruolo di **Seid**). Maestro al pianoforte M° Alberto Alibrandi. Direzione artistica del Prof. Giovanni Cultrera.

XXXVIII - 30/06/2018 - Saggio della Classe di Canto del M° Filippo Piccolo presso l'Auditorium dell'Istituto Superiore di Studi Musicali "Vincenzo Bellini" di Catania - esecuzione di arie scelte da "I Puritani" di Vincenzo Bellini nel ruolo di **Riccardo** e da "Il Corsaro" di Giuseppe Verdi (nel ruolo di **Seid**). Maestro al pianoforte M° Alberto Alibrandi.

XXXIX - 04/07/2018 - Concerto dell'Italian Opera Taormina presso il Teatro San Giorgio di Taormina - esecuzione di arie scelte da "Il Barbiere di Siviglia" di Gioacchino Rossini (nel ruolo di **Basilio**), "Un Ballo in Maschera" di Giuseppe Verdi (nel ruolo di **Renato**), "Don Giovanni" di Wolfgang Amadeus Mozart (nel ruolo di **Don Giovanni**), e dal repertorio classico napoletano e operettistico. Direzione artistica di M° Silvia Di Falco, maestro al pianoforte M° Antonio Gennaro.

XL - 09/07/2018 - Concerto dell'Italian Opera Taormina presso il Teatro San Giorgio di Taormina - esecuzione di arie scelte da "Il Barbiere di Siviglia" di Gioacchino Rossini (nel ruolo di **Basilio**), "Un Ballo in Maschera" di Giuseppe Verdi (nel ruolo di **Renato**), "Don Giovanni" e "Nozze di Figaro" di Wolfgang Amadeus Mozart (nel ruolo di **Don Giovanni** e **Figaro**), e dal repertorio classico napoletano e operettistico. Direzione artistica di M° Silvia Di Falco, maestro al pianoforte M° Antonio Gennaro.

XLI - 13/07/2018 - Concerto Lirico "Tutti all'Opera" in onore di B. V. Maria del Monte Carmelo a Misterbianco, Largo Vincenzo Cannone - esecuzione di arie scelte da "Il Barbiere di Siviglia" di Gioacchino Rossini (nel ruolo di **Basilio**), da "I Puritani" di Vincenzo Bellini (nel ruolo di **Riccardo**), "Nozze di Figaro" di Wolfgang Amadeus Mozart (nel ruolo di **Figaro**), e dal repertorio classico napoletano e operettistico. Direttore Artistico Maria Grazia Tringale, Maestro al Pianoforte Giulia Russo.

XLII - 27/07/2018 - Concerto dell'Italian Opera Taormina presso il Teatro San Giorgio di Taormina - esecuzione di arie scelte da "Il Barbiere di Siviglia" di Gioacchino Rossini (nel ruolo di **Basilio**), "Un Ballo in Maschera" di Giuseppe Verdi (nel ruolo di **Renato**), "Don Giovanni" e "Nozze di Figaro" di Wolfgang Amadeus Mozart (nel ruolo di **Don Giovanni** e **Figaro**), e dal repertorio classico napoletano e operettistico. Direzione artistica di M° Silvia Di Falco, maestro al pianoforte M° Antonio Gennaro.

XLIII - 17/08/2018 - Concerto dell'Italian Opera Taormina presso il Teatro San Giorgio di Taormina - esecuzione di arie scelte da "Il Barbiere di Siviglia" di Gioacchino Rossini (nel ruolo di **Basilio**), "Un Ballo in Maschera" di Giuseppe Verdi (nel ruolo di **Renato**), "Don Giovanni" e "Nozze di Figaro" di Wolfgang Amadeus Mozart (nel ruolo di **Don Giovanni** e **Figaro**), e dal repertorio classico napoletano e operettistico. Direzione artistica di M° Silvia Di Falco, maestro al pianoforte M° Antonio Gennaro.

XLIV - 31/08/2018 - Concerto dell'Italian Opera Taormina presso il Teatro San Giorgio di Taormina - esecuzione di arie scelte da "Il Barbiere di Siviglia" di Gioacchino Rossini (nel ruolo di **Basilio**), "Un Ballo in Maschera" di Giuseppe Verdi (nel ruolo di **Renato**), "Don Giovanni" e "Nozze di Figaro" di Wolfgang Amadeus Mozart (nel ruolo di **Don Giovanni** e **Figaro**), e dal repertorio classico napoletano e operettistico. Direzione artistica di M° Silvia Di Falco, maestro al pianoforte M° Antonio Gennaro.

XLV - 14/09/2018 - Concerto dell'Italian Opera Taormina presso il Teatro San Giorgio di Taormina - esecuzione di arie scelte da "Il Barbiere di Siviglia" di Gioacchino Rossini (nel ruolo di **Basilio**), "Rigoletto" di Giuseppe Verdi (nel ruolo di **Rigoletto**), "Don Giovanni" e "Nozze di Figaro" di Wolfgang Amadeus Mozart (nel ruolo di **Don Giovanni** e **Figaro**), e dal repertorio classico napoletano e operettistico. Direzione artistica di M° Silvia Di Falco, maestro al pianoforte M° Antonio Gennaro.

XLVI - 17/09/2018 - Concerto dell'Italian Opera Taormina presso il Teatro San Giorgio di Taormina - esecuzione di arie scelte da "Andrea Chenier" di Umberto Giordano (nel ruolo di **Carlo Gerard**), "Rigoletto" di Giuseppe Verdi (nel ruolo di **Rigoletto**), "Don Giovanni" e "Nozze di Figaro" di Wolfgang Amadeus Mozart (nel ruolo di **Don Giovanni** e **Figaro**), e dal repertorio classico napoletano e operettistico. Direzione artistica di M° Silvia Di Falco, maestro al pianoforte M° Antonio Gennaro.

XLVII - 24/09/2018 - Concerto dell'Italian Opera Taormina presso il Teatro San Giorgio di Taormina - esecuzione di arie scelte da "Il Barbiere di Siviglia" di Gioacchino Rossini (nel ruolo di **Bartolo**), "Traviata" di Giuseppe Verdi (nel ruolo di **Giorgio Germont**), "Nozze di Figaro" di Wolfgang Amadeus Mozart (nel ruolo di **Figaro**), e dal repertorio classico napoletano e operettistico. Direzione artistica di M° Silvia Di Falco, maestro al pianoforte M° Antonio Gennaro.

XLVIII - 26/09/2018 - Concerto del vincitore del Concorso Internazionale di Canto Lirico "Vincenzo Bellini" di Catania, presso l'Auto Yachting Club di Catania. Organizzazione del Lions Club Catania Bellini. Esecuzione di arie e duetti scelti da "I Puritani" di Vincenzo Bellini (nel ruolo di **Riccardo**), e "Don Giovanni" di Wolfgang Amadeus Mozart (nel ruolo di **Don Giovanni**), Direzione Artistica della Prof.ssa Maria Santina Schillaci, maestro al pianoforte Alberto Alibrandi.

XLIX - 17/10/2018 - Concerto dell'Italian Opera Taormina presso il Teatro San Giorgio di Taormina - esecuzione di arie scelte da "Il Barbiere di Siviglia" di Gioacchino Rossini (nel ruolo di **Basilio**), "Un ballo in maschera" di Giuseppe Verdi (nel ruolo di **Renato**), "Don Giovanni" di Wolfgang Amadeus Mozart (nel ruolo di **Don Giovanni**), e dal repertorio classico napoletano e operettistico. Direzione artistica di M° Silvia Di Falco, maestro al pianoforte M° Antonio Gennaro.

L - 21/10/2018 - Concerto di canzoni da camera presso la Tenuta Voscenza di Santa Venerina: esecuzione di brani scelti dal repertorio classico operettistico e napoletano. Maestro al Pianoforte Francesco Drago, direzione artistica Prof. Giovanni Cultrera.

LI - 24/10/2018 - Concerto dell'Italian Opera Taormina presso il Teatro San Giorgio di Taormina - esecuzione di arie scelte da "Andrea Chenier" di Umberto Giordano (nel ruolo di **Carlo Gerard**), "Rigoletto" di Giuseppe Verdi (nel ruolo di **Rigoletto**), "Nozze di Figaro" di Wolfgang Amadeus Mozart (nel ruolo di **Figaro**), e dal repertorio classico napoletano e operettistico. Direzione artistica di M° Silvia Di Falco, maestro al pianoforte M° Antonio Gennaro.

LII - 31/10/2018 - Concerto dell'Italian Opera Taormina presso il Teatro San Giorgio di Taormina - esecuzione di arie scelte da "Il Barbiere di Siviglia" di Gioacchino Rossini (nel ruolo di **Bartolo),** "Rigoletto" di Giuseppe Verdi (nel ruolo di **Rigoletto**), "Nozze di Figaro" di Wolfgang Amadeus Mozart (nel ruolo di **Figaro),** e dal repertorio classico napoletano e operettistico. Direzione artistica di M° Silvia Di Falco, maestro al pianoforte M° Antonio Gennaro.

LIII - 14/11/2018 - Concerto dell'Italian Opera Taormina presso il Teatro San Giorgio di Taormina - esecuzione di arie scelte da "Il Barbiere di Siviglia" di Gioacchino Rossini (nel ruolo di **Bartolo),** "Rigoletto" di Giuseppe Verdi (nel ruolo di **Rigoletto**), "Nozze di Figaro" di Wolfgang Amadeus Mozart (nel ruolo di **Figaro),** e dal repertorio classico napoletano e operettistico. Direzione artistica di M° Silvia Di Falco, maestro al pianoforte M° Antonio Gennaro.

LIV - 20/11/2018 - Concerto presso l'Università degli Studi di Catania - Sala Coro di Notte Monastero dei Benedettini, produzione della Fondazione "Vincenzo Bellini" e Dipartimento di Scienze Umanistiche UNICT. Esecuzione di arie scelte da "I Puritani" e "Beatrice di Tenda" di Vincenzo Bellini (nei ruoli di **Sir Riccardo Forth** e **Filippo**). Direzione Artistica di Maria Schillaci, Maestro al Pianoforte Giulia Russo.

LV - 19/12/2018 - Concerto di Natale presso FIDAPA a Catania. Esecuzione di arie scelte da "La Traviata" di Giuseppe Verdi (nel ruolo di **Giorgio Germont**), da "La vedova allegra" di Franz Lehàr e musiche da camera di Francesco Paolo Tosti direzione artistica di Maria Schillaci, maestro al pianoforte Giulia Russo;

LVI - 29/12/2018 - Galà Lirico di Natale presso il Teatro San Giorgio di Taormina, produzione dell'Italian Opera Live; esecuzione di arie scelte da "Il Barbiere di Siviglia" di Gioacchino Rossini (nel ruolo di **Bartolo),** "Rigoletto" di Giuseppe Verdi (nel ruolo di **Rigoletto**), "Nozze di Figaro" di Wolfgang Amadeus Mozart (nel ruolo di **Figaro),** e dal repertorio classico napoletano e operettistico Direzione Artistica di Silvia Di Falco, maestro al pianoforte Antonio Gennaro;

LVII - 01/01/2019 - Concerto di Capodanno (primo spettacolo: abbonati), presso il Teatro "Giuseppe Garibaldi" di Modica. Esecuzione di Arie scelte da "Traviata" di Giuseppe Verdi (nel ruolo di **Giorgio Germont**), e dal repertorio classico operettistico e napoletano. Civica Filarmonica di Modica, direttore d'orchestra M° Pietro Francesco, direzione artistica Prof. Giovanni Cultrera.

LVIII - 01/01/2019 - Concerto di Capodanno (secondo spettacolo: fuori abbonamento), presso il Teatro "Giuseppe Garibaldi" di Modica. Esecuzione di Arie scelte da "Traviata" di Giuseppe Verdi (nel ruolo di **Giorgio Germont**), e dal repertorio classico operettistico e napoletano. Civica Filarmonica di Modica, direttore d'orchestra M° Pietro Francesco, direzione artistica Prof. Giovanni Cultrera.

LIX - 20/01/2019 - Concerto al Teatro Donnafugata di Ragusa Ibla "L'Opera è di Scena". Esecuzione di arie scelte da "Il barbiere di Siviglia" di Gioacchino Rossini (nel ruolo di **Don Basilio**), "Le Nozze di Figaro" di Wolfgang Amadeus Mozart (nel ruolo di **Figaro**), "Rigoletto" di Giuseppe Verdi (nel ruolo di **Rigoletto**), "I Puritani" di Vincenzo Bellini (nel ruolo di **Sir Riccardo Forth**), e dai classici del repertorio classico operettistico e napoletano. Maestro al pianoforte Gianluca Abbate, Direzione Artistica del Prof. Giovanni Cultrera.

LX - 22/02/2019 - Concerto dell'Italian Opera Taormina presso il Teatro San Giorgio di Taormina - esecuzione di arie scelte da "Il Barbiere di Siviglia" di Gioacchino Rossini (nel ruolo di **Basilio),** "Rigoletto" di Giuseppe Verdi (nel ruolo di **Rigoletto**), "Nozze di Figaro" e "Don Giovanni" di Wolfgang Amadeus Mozart (nei ruolo di **Figaro** e **Don Giovanni),** e dal repertorio classico napoletano e operettistico. Direzione artistica di M° Silvia Di Falco, maestro al pianoforte M° Antonio Gennaro.

LXI - 05/03/2019 - Concerto dell'Italian Opera Taormina presso il Teatro San Giorgio di Taormina - esecuzione di arie scelte da "Il Barbiere di Siviglia" di Gioacchino Rossini (nel ruolo di **Basilio**), "Nozze di Figaro" e "Don Giovanni" di Wolfgang Amadeus Mozart (nei ruolo di **Figaro** e **Don Giovanni**), e dal repertorio classico napoletano e operettistico. Direzione artistica di M° Silvia Di Falco, maestro al pianoforte M° Antonio Cardone.

LXII - 29/03/2019 - Concerto cameristico per il Lyceum Club International di Catania: esecuzione di arie scelte da "Le Nozze di Figaro" di Wolfgang Amadeus Mozart (nei ruolo di **Figaro**), "La vedova Allegra" di Franz Lehar, "Cin ci là" di Lombardo & Ranzato, e dei classici della musica cameristica e napoletana. Maestro al pianoforte Francesco Drago, Direzione Artistica del Prof. Giovanni Cultrera.

LXIII - 01/04/2019 - Concerto al Teatro Massimo "Vincenzo Bellini" di Catania per la XXX Edizione del Cooking Fest Catania. Esecuzione di brani scelti da "Don Giovanni" di Wolfgang Amadeus Mozart (nei ruolo di **Leporello**), "Il Pipistrello" di Johann Strauss, "La Traviata" di Giuseppe Verdi, e dal repertorio classico di colonne sonore. Direzione Artistica di Francesco Nicolosi.

LXIV - 07/04/2019 - Concerto al Teatro Donnafugata di Ragusa Ibla "Gran Galà della Lirica" - esecuzione di arie e duetti scelti da "Beatrice di Tenda" di Vincenzo Bellini (nel ruolo di **Filippo**), "Le Nozze di Figaro" e "Don Giovanni" di Wolfgang Amadeus Mozart (nei ruoli di **Figaro** e **Don Giovanni**), "Un ballo in maschera" di Giuseppe Verdi (nel ruolo di **Renato**), e del repertorio classico operettistico e napoletano. Maestro al pianoforte Ivan Manzella, Direzione Artistica del Prof. Giovanni Cultrera.

LXV - 13/04/2019 - Concerto dell'Italian Opera Taormina presso il Teatro San Giorgio di Taormina - esecuzione di arie scelte da "Il Barbiere di Siviglia" di Gioacchino Rossini (nel ruolo di **Basilio**), "Don Giovanni" di Wolfgang Amadeus Mozart (nel ruolo **Don Giovanni**), "Un ballo in maschera" e "Rigoletto" di Giuseppe Verdi" (nei ruoli di **Renato** e **Rigoletto**), e dal repertorio classico napoletano e operettistico. Direzione artistica di M° Silvia Di Falco, maestro al pianoforte M° Antonio Gennaro.

LXVI - 01/05/2019 - Concerto dell'Italian Opera Taormina presso il Teatro San Giorgio di Taormina - esecuzione di arie scelte da "Nozze di Figaro" di Wolfgang Amadeus Mozart (nel ruolo **Figaro**), "Rigoletto" e "La Traviata" di Giuseppe Verdi" (nei ruoli di **Rigoletto** e **Giorgio Germont**), e dal repertorio classico napoletano e operettistico. Direzione artistica di M° Silvia Di Falco, maestro al pianoforte M° Antonio Gennaro.

LXVII - 22/05/2019 - Concerto dell'Italian Opera Taormina presso il Teatro San Giorgio di Taormina - esecuzione di arie scelte da "Il Barbiere di Siviglia" di Gioacchino Rossini (nel ruolo di **Basilio**), "Don Giovanni" e "Nozze di Figaro" di Wolfgang Amadeus Mozart (nei ruoli di **Don Giovanni** e **Figaro**), e dal repertorio classico napoletano e operettistico. Direzione artistica di M° Silvia Di Falco, maestro al pianoforte M° Antonio Gennaro.

LXVIII - 25/05/2019 - Concerto dell'Italian Opera Live "Omaggio a Mozart" presso il Teatro San Giorgio di Taormina - esecuzione di arie e duetti scelti dai capolavori di Wolfgang Amadeus Mozart. Direzione artistica di M° Silvia Di Falco, maestro al pianoforte M° Antonio Gennaro.

LXIX - 05/06/2019 - Concerto dell'Italian Opera Taormina presso il Teatro San Giorgio di Taormina - esecuzione di arie scelte da "Il Barbiere di Siviglia" di Gioacchino Rossini (nel ruolo di **Basilio**), "Don Giovanni" e "Nozze di Figaro" di Wolfgang Amadeus Mozart (nei ruoli di **Don Giovanni** e **Figaro**), e dal repertorio classico napoletano e operettistico. Direzione artistica di M° Silvia Di Falco, maestro al pianoforte M° Antonio Gennaro.

LXX - 08/06/2019 - Concerto d'arie d'opera della Società Catanese Amici della Musica presso il Salone della Biblioteca Comunale "Giovanni Verga" di Sant'Agata Li Battiati. Esecuzione di Arie scelte da "Il Barbiere di Siviglia" di Gioacchino Rossini (nel ruolo di **Basilio**), "I Puritani" di Vincenzo Bellini (nel ruolo di **Sir Riccardo Forth**), "Un Ballo in Maschera" e "Rigoletto" di Giuseppe Verdi (nei ruolo di **Renato** e **Rigoletto**), e "Nozze di Figaro" di Wolfgang Amadeus Mozart (nel ruolo di **Figaro**). Maestro al Pianoforte Ivan Manzella, Direzione Artistica di Anna Rita Fontana.

LXXI - 17/06/2019 - Concerto dell'Italian Opera Taormina presso il Teatro San Giorgio di Taormina - esecuzione di arie scelte da "Il Barbiere di Siviglia" di Gioacchino Rossini (nel ruolo di **Basilio**), "Don Giovanni" e "Nozze di Figaro" di Wolfgang Amadeus Mozart (nei ruoli di **Don Giovanni** e **Figaro**), e dal repertorio classico napoletano e operettistico. Direzione artistica di M° Silvia Di Falco, maestro al pianoforte M° Antonio Gennaro.

LXXII - 19/06/2019 - Concerto dell'Italian Opera Taormina presso il Teatro San Giorgio di Taormina - esecuzione di arie scelte da "Il Barbiere di Siviglia" di Gioacchino Rossini (nel ruolo di **Basilio**), "Don Giovanni" di Wolfgang Amadeus Mozart (nel ruolo **Don Giovanni**), "Rigoletto" di Giuseppe Verdi" (nel ruolo di **Rigoletto**), e dal repertorio classico napoletano e operettistico. Direzione artistica di M° Silvia Di Falco, maestro al pianoforte M° Antonio Gennaro.

LXXIII - 22/06/2019 - Concerto di Anteprima di arie cameristiche del repertorio tradizionale italiano e napoletano nella Città di Kolomna, Oblast' di Mosca. Agenzia di Concerti "Opera di Mosca", Maestro al Pianoforte, direzione artistica di Yulia Pustovoytova.

LXXIV - 23/06/2019 - Concerto "Bravo, Bravissimo" d'inaugurazione del III Festival Internazionale "Shkin-Opera" di Kolomna, Oblast di Mosca (Russia). Esecuzione di arie cameristiche del repertorio tradizionale italiano e napoletano. Orchestra del Teatro dell'Opera di Voronezh, direttore d'orchestra Yu.p. Anisichkin. Direzione Artistica di Kostantin Didenko.

LXXV - 26/06/2019 - Concerto dell'Italian Opera Taormina presso il Teatro San Giorgio di Taormina - esecuzione di arie scelte da "Il Barbiere di Siviglia" di Gioacchino Rossini (nel ruolo di **Basilio**), "Don Giovanni" e "Nozze di Figaro" di Wolfgang Amadeus Mozart (nei ruoli di **Don Giovanni** e **Figaro**), e dal repertorio classico napoletano e operettistico. Direzione artistica di M° Silvia Di Falco, maestro al pianoforte M° Antonio Gennaro.

LXXVI - 03/07/2019 - Concerto dell'Italian Opera Taormina presso il Teatro San Giorgio di Taormina - esecuzione di arie scelte da "Il Barbiere di Siviglia" di Gioacchino Rossini (nel ruolo di **Basilio**), "Don Giovanni" e "Nozze di Figaro" di Wolfgang Amadeus Mozart (nei ruoli di **Don Giovanni** e **Figaro**), e dal repertorio classico napoletano e operettistico. Direzione artistica di M° Silvia Di Falco, maestro al pianoforte M° Antonio Gennaro.

LXXVII - 20/07/2019 - Concerto dell'Italian Opera Taormina presso il Teatro San Giorgio di Taormina - esecuzione di arie scelte da "Il Barbiere di Siviglia" di Gioacchino Rossini (nel ruolo di **Basilio**), "Don Giovanni" e "Nozze di Figaro" di Wolfgang Amadeus Mozart (nei ruoli di **Don Giovanni** e **Figaro**), e dal repertorio classico napoletano e operettistico. Direzione artistica di M° Silvia Di Falco, maestro al pianoforte M° Antonio Gennaro.

LXXVIII - 27/07/2019 - Concerto dell'Italian Opera Taormina presso il Teatro San Giorgio di Taormina - esecuzione di arie scelte da "L'Elisir d'amore" di Gaetano Donizetti (nel ruolo del **Dottor Dulcamara**), "Il Barbiere di Siviglia" di Gioacchino Rossini (nel ruolo del **Dottor Bartolo**), "Don Giovanni" di Wolfgang Amadeus Mozart (nel ruolo **Don Giovanni**), e dal repertorio classico napoletano e operettistico. Direzione artistica di M° Silvia Di Falco, maestro al pianoforte M° Antonio Gennaro.

LXXIX - 07/08/2019 - Concerto dell'Italian Opera Taormina presso il Teatro San Giorgio di Taormina - esecuzione di arie scelte da "Il Barbiere di Siviglia" di Gioacchino Rossini (nel ruolo di **Basilio**), "Don Giovanni" e "Nozze di Figaro" di Wolfgang Amadeus Mozart (nei ruoli di **Don Giovanni** e **Figaro**), "Rigoletto" di Giuseppe Verdi (nel ruolo di **Rigoletto**) e dal repertorio classico napoletano e operettistico. Direzione artistica di M° Silvia Di Falco, maestro al pianoforte M° Antonio Gennaro.

LXXX - 10/08/2019 - Concerto dell'Italian Opera Taormina presso il Teatro San Giorgio di Taormina - esecuzione di arie scelte da "Il Barbiere di Siviglia" di Gioacchino Rossini (nel ruolo di **Basilio**), "Don Giovanni" e "Nozze di Figaro" di Wolfgang Amadeus Mozart (nei ruoli di **Don Giovanni** e **Figaro**), e dal repertorio classico napoletano e operettistico. Direzione artistica di M° Silvia Di Falco, maestro al pianoforte M° Manuela Cigno.

LXXXI - 14/08/2019 - Concerto dell'Italian Opera Taormina presso il Teatro San Giorgio di Taormina - esecuzione di arie scelte da "Il Barbiere di Siviglia" di Gioacchino Rossini (nel ruolo di **Basilio**), "Don Giovanni" e "Nozze di Figaro" di Wolfgang Amadeus Mozart (nei ruoli di **Don Giovanni** e **Figaro**), "Rigoletto" di Giuseppe Verdi (nel ruolo di **Rigoletto**) e dal repertorio classico napoletano e operettistico. Direzione artistica di M° Silvia Di Falco, maestro al pianoforte M° Antonio Gennaro.

LXXXII - 28/08/2019 - Concerto dell'Italian Opera Taormina presso il Teatro San Giorgio di Taormina - esecuzione di arie scelte da "Il Barbiere di Siviglia" di Gioacchino Rossini (nel ruolo di **Basilio**), "Don Giovanni" e "Nozze di Figaro" di Wolfgang Amadeus Mozart (nei ruoli di **Don Giovanni** e **Figaro**), e dal repertorio classico napoletano e operettistico. Direzione artistica di M° Silvia Di Falco, maestro al pianoforte M° Antonio Gennaro.

LXXXIII - 07/09/2019 - Concerto dell'Italian Opera Taormina presso il Teatro San Giorgio di Taormina - esecuzione di arie scelte da "Il Barbiere di Siviglia" di Gioacchino Rossini (nel ruolo di **Basilio**), "Don Giovanni" e "Nozze di Figaro" di Wolfgang Amadeus Mozart (nei ruoli di **Don Giovanni** e **Figaro**), e dal repertorio classico napoletano e operettistico. Direzione artistica di M° Silvia Di Falco, maestro al pianoforte M° Antonio Gennaro.

LXXXIV - 09/09/2019 - Concerto dell'Italian Opera Taormina presso il Teatro San Giorgio di Taormina - esecuzione di arie scelte da "Il Barbiere di Siviglia" di Gioacchino Rossini (nel ruolo di **Basilio**), "Don Giovanni" e "Nozze di Figaro" di Wolfgang Amadeus Mozart (nei ruoli di **Don Giovanni** e **Figaro**), e dal repertorio classico napoletano e operettistico. Direzione artistica di M° Silvia Di Falco, maestro al pianoforte M° Antonio Gennaro.

LXXXV - 21/09/2019 - Concerto dell'Italian Opera Taormina presso il Teatro San Giorgio di Taormina - esecuzione di arie scelte da "Il Barbiere di Siviglia" di Gioacchino Rossini (nel ruolo di **Basilio**), "Don Giovanni" e "Nozze di Figaro" di Wolfgang Amadeus Mozart (nei ruoli di **Don Giovanni** e **Figaro**), e dal repertorio classico napoletano e operettistico. Direzione artistica di M° Silvia Di Falco, maestro al pianoforte M° Antonio Gennaro.

LXXXVI - 28/09/2019 - Concerto dell'Italian Opera Taormina presso il Teatro San Giorgio di Taormina - esecuzione di arie scelte da "Il Barbiere di Siviglia" di Gioacchino Rossini (nel ruolo di **Basilio**), "Don Giovanni" e "Nozze di Figaro" di Wolfgang Amadeus Mozart (nei ruoli di **Don Giovanni** e **Figaro**), e dal repertorio classico napoletano e operettistico. Direzione artistica di M° Silvia Di Falco, maestro al pianoforte M° Antonio Gennaro.

LXXXVII - 02/10/2019 - Concerto dell'Italian Opera Taormina presso il Teatro San Giorgio di Taormina - esecuzione di arie scelte da "Il Barbiere di Siviglia" di Gioacchino Rossini (nel ruolo di **Basilio**), "Don Giovanni" e "Nozze di Figaro" di Wolfgang Amadeus Mozart (nei ruoli di **Don Giovanni** e **Figaro**), e dal repertorio classico napoletano e operettistico. Direzione artistica di M° Silvia Di Falco, maestro al pianoforte M° Antonio Gennaro.

LXXXVIII - 11/10/2019 - Concerto dell'Italian Opera Taormina presso il Teatro San Giorgio di Taormina - esecuzione di arie scelte da "Il Barbiere di Siviglia" di Gioacchino Rossini (nel ruolo di **Basilio**), "Don Giovanni" e "Nozze di Figaro" di Wolfgang Amadeus Mozart (nei ruoli di **Don Giovanni** e **Figaro**), e dal repertorio classico napoletano e operettistico. Direzione artistica di M° Silvia Di Falco, maestro al pianoforte M° Antonio Gennaro.

LXXXIX - 16/10/2019 - Concerto dell'Italian Opera Taormina presso il Teatro San Giorgio di Taormina - esecuzione di arie scelte da "Il Barbiere di Siviglia" di Gioacchino Rossini (nel ruolo di **Basilio**), "Don Giovanni" e "Nozze di Figaro" di Wolfgang Amadeus Mozart (nei ruoli di **Don Giovanni** e **Figaro**), e dal repertorio classico napoletano e operettistico. Direzione artistica di M° Silvia Di Falco, maestro al pianoforte M° Antonio Gennaro.

XC - 21/10/2019 - Concerto di Diploma Accademico di I Livello in Canto, Istituto Superiore di Studi Musicali "Vincenzo Bellini" di Catania. Esecuzione di brani scelti da "Un ballo in maschera" di Giuseppe Verdi nel ruolo di Renato. Relatore Prof. Filippo Piccolo, maestro al pianoforte Prof. Alberto Alibrandi.

XCI - 01/11/2019 - Concerto dell'Italian Opera Taormina presso il Teatro San Giorgio di Taormina - esecuzione di arie scelte da "Il Barbiere di Siviglia" di Gioacchino Rossini (nel ruolo di **Basilio**), "Don Giovanni" e "Nozze di Figaro" di Wolfgang Amadeus Mozart (nei ruoli di **Don Giovanni** e **Figaro**), e dal repertorio classico napoletano e operettistico. Direzione artistica di M° Silvia Di Falco, maestro al pianoforte M° Antonio Gennaro.

XCII - 09/12/2019 - Premio "Domenico Danzuso". Esecuzione di brani scelti da Rigoletto di Giuseppe Verdi (nel ruolo di Rigoletto). Direzione Artistica di Giuseppe Lazzaro Danzuso, Maestro al Pianoforte Manuela Cigno.

XCIII - 14/12/2019 - Messa in La minore di Vincenzo Bellini presso la Chiesa di San Giuliano (Via Crociferi) Catania, nel ruolo di **Basso Solo**, direttore d'orchestra Prof. Giuseppe Romeo, produzione dell'Istituto Superiore di Studi Musicali "Vincenzo Bellini" di Catania.

XCIV - 21/12/2019 - Concerto di Natale dello Yachting Club Catania. Esecuzione di arie tratte da "Nozze di Figaro" di Wolfgang Amadeus Mozart (nel ruolo di **Figaro**) e dal repertorio classico napoletano, natalizio e operettistico, Maestro al pianoforte Alberto Alibrandi.

XCV - 28/12/2019 - Gran Concerto di Capodanno al Centro Artistico Culturale "Giuseppe Ierna" di Floridia - Siracusa. Esecuzione di arie tratte da "Nozze di Figaro" e "Don Giovanni" di Wolfgang Amadeus Mozart (nei ruoli di **Don Giovanni** e **Figaro**), da "Il Barbiere di Siviglia" di Gioacchino Rossini (nel ruolo di **Basilio**) e dal repertorio classico napoletano, natalizio e operettistico, maestro al pianoforte Francesco Drago.

XCVI - 01/11/2019 - Concerto DI Natale, Gran Galà dell'Italian Opera Taormina presso il Teatro San Giorgio di Taormina - esecuzione di arie scelte da "Il Barbiere di Siviglia" di Gioacchino Rossini (nel ruolo di **Basilio**), "Don Giovanni" e "Nozze di Figaro" di Wolfgang Amadeus Mozart (nei ruoli di **Don Giovanni** e **Figaro**), e dal repertorio classico napoletano e operettistico. Direzione artistica di M° Silvia Di Falco, maestro al pianoforte M° Antonio Gennaro.

XCVII - 11/01/2020 - Concerto dell'Italian Opera Taormina presso il Teatro San Giorgio di Taormina - esecuzione di arie scelte da "Il Barbiere di Siviglia" di Gioacchino Rossini (nel ruolo di **Basilio**), "Don Giovanni" e "Nozze di Figaro" di Wolfgang Amadeus Mozart (nei ruoli di **Don Giovanni** e **Figaro**), e dal repertorio classico napoletano e operettistico. Direzione artistica di M° Silvia Di Falco, maestro al pianoforte M° Antonio Gennaro.

XCVIII - 12/01/2020 - Concerto della Società Catanese Amici della Musica. Esecuzione di arie tratte da "Beatrice di Tenda" di Vincenzo Bellini (nel ruolo di **Filippo**), da "Nozze di Figaro" e "Don Giovanni" di Wolfgang Amadeus Mozart (nei ruoli di **Don Giovanni** e **Figaro**), Direzione artistica di Anna Rita Fontana, maestro al pianoforte Alberto Alibrandi.

XCIX - 24/01/2020 - Concerto dell'Italian Opera Taormina presso il Teatro San Giorgio di Taormina - esecuzione di arie scelte da "Il Barbiere di Siviglia" di Gioacchino Rossini (nel ruolo di **Basilio**), "Don Giovanni" e "Nozze di Figaro" di Wolfgang Amadeus Mozart (nei ruoli di **Don Giovanni** e **Figaro**), e dal repertorio classico napoletano e operettistico. Direzione artistica di M° Silvia Di Falco, maestro al pianoforte M° Antonio Gennaro.

C - 22/03/2020 - Concerto dell'Italian Opera Taormina "Omaggio a Giuseppe Verdi" presso il Teatro San Giorgio di Taormina - esecuzione di arie scelte da "Rigoletto", "Un Ballo in Maschera" e "Traviata" di Giuseppe Verdi, nei ruoli di **Rigoletto**, **Renato** e **Giorgio Germont**. Direzione artistica di M° Silvia Di Falco, maestro al pianoforte M° Antonio Gennaro.

CAPITOLO 2

Elenco degli spettacoli in altre qualità artistico-musicali

Concerti in qualità di Chitarrista Accompagnatore e Solista (elenco incompleto):

25/01/2009 - Concerto Chiesa Sant'Agata al Carcere (Catania), con l'Orchestra "Riviera dei Ciclopi";

19/12/2009 - Concerto di Natale Hotel Marina Palace (Acitrezza), con l'Orchestra "Riviera dei Ciclopi";

19/12/2009 - Concerto di Natale Chiesa (Castel di Iudica), con l'Orchestra "Riviera dei Ciclopi";

30/01/2010 - Concerto di beneficenza Tenda di Ulisse (Catania), con l'Orchestra "Riviera dei Ciclopi";

04/02/2010 - Concerto Festa di Sant'Agata (Catania), con l'Orchestra "Riviera dei Ciclopi";

10/06/2010 - Concerto Festa della Marina Militare (Maristaeli), con l'Orchestra "Riviera dei Ciclopi";

18/09/2010 - Concerto Festa della Madonna de La Salette (Lavinaio), con l'Orchestra "Riviera dei Ciclopi";

22/12/2010 - Concerto di Natale Teatro (Trecastagni), con l'Orchestra "Riviera dei Ciclopi";

30/12/2010 - Concerto di Natale Chiesa (Giardini Naxos), con l'Orchestra "Riviera dei Ciclopi";

06/01/2011 - Concorso Gabriel Marcel (Bronte), con l'Orchestra "Riviera dei Ciclopi";

27/03/2011 - Concerto per il FAI Teatro San Giorgi (Catania), con l'Orchestra "Riviera dei Ciclopi";

10/06/2011 - Concerto Festa della Marina Militare (Maristaeli), con l'Orchestra "Riviera dei Ciclopi";

11/06/2011 - Concerto estivo Piazza Castello (Aci Castello), con l'Orchestra "Riviera dei Ciclopi";

23/06/2011 - Concerto San Giovanni Battista (Acitrezza), con l'Orchestra "Riviera dei Ciclopi";

02/07/2011 - Concerto di Beneficenza Fratres (San Giovanni La Punta), con l'Orchestra "Riviera dei Ciclopi";

23/08/2011 - Concerto estivo Villa Comunale (Fiumefreddo), con l'Orchestra "Riviera dei Ciclopi";

08/12/2011 - Concerto di Natale Auditorium Marostica (VI), con l'Orchestra "Riviera dei Ciclopi";

09/12/2011 - Concerto di Natale Teatro A. Vivaldi (Cassola - VI), con l'Orchestra "Riviera dei Ciclopi";

10/12/2011 - Concerto di Natale in Chiesa a Breganze (VI), con l'Orchestra "Riviera dei Ciclopi";

18/12/2011 - Concerto di Natale Chiesa Madonna del Carmine (Catania), con l'Orchestra "Riviera dei Ciclopi";

22/12/2011 - Concerto di Natale Centro Anziani (Sant'Agata Li Battiati), con l'Orchestra "Riviera dei Ciclopi";

13/01/2012 - Concerto Salone della Sposa Palalumbi (Taormina), con l'Orchestra "Riviera dei Ciclopi";

01/05/2012 - Concerto Centro Commerciale "La Fortezza" (Modica), con l'Orchestra "Riviera dei Ciclopi";

25/05/2012 - Concerto di fine anno scolastico R. Rimini (Ficarazzi), con l'Orchestra "Riviera dei Ciclopi";

07/07/2012 - Concerto Villa Sofia (Acireale), con l'Orchestra "Riviera dei Ciclopi";

29/08/2012 - Concerto festa patronale San Giovanni decollato (Acitrezza), con l'Orchestra "Riviera dei Ciclopi";

01/09/2012 - Concerto estivo al Complesso Sportivo Madonna degli Ulivi (Viagrande), con l'Orchestra "Riviera dei Ciclopi";

09/09/2012 - Concerto estivo Villetta di San Nicolò (Aci Catena), con l'Orchestra "Riviera dei Ciclopi";

15/12/2012 - Concerto di Natale (Modica), con l'Orchestra "Riviera dei Ciclopi";

28/12/2012 - Concerto di Natale Chiesa di San Pawl (Malta), con l'Orchestra "Riviera dei Ciclopi";

30/12/2012 - Concorso Folk Internazionale (Malta), con l'Orchestra "Riviera dei Ciclopi";

02/01/2013 - Concerto di Natale casa di riposo (Malta), con l'Orchestra "Riviera dei Ciclopi".

Concerti in qualità di Cantante e Chitarrista:

05/08/2007 - Festa Finale 2° edizione "Oratorio Estivo" di Acitrezza (CT) con la PopRock Band "8ttONerO;

31/08/2007 - 15° Edizione Festival della Canzone "Città di Acitrezza" (CT) con la PopRock Band "8ttONerO;

17/10/2007 - 5° Edizione Festival Nazionale dei giovani artisti, San Gregorio (CT) con la PopRock Band "8ttONerO;

22/12/2007 – Concerto di Natale, "Marina Palace Hotel" di Acitrezza (CT) con la PopRock Band "8ttONerO;

24/05/2008 – Festa della Creatività Liceo Scientifico Statale "Archimede" di Acireale (CT) con la PopRock Band "8ttONerO;

30/06/2008 - Festa Iniziale 3° edizione "Oratorio Estivo" di Acitrezza (CT) con la PopRock Band "8ttONerO;

05/08/2008 - Festa Finale 3° edizione "Oratorio Estivo" di Acitrezza (CT) con la PopRock Band "8ttONerO;

03/09/2008 - 16° Edizione Festival della Canzone "Città di Acitrezza" (CT) con la PopRock Band "8ttONerO;

09/11/2008 – Festa d'Autunno 1° Edizione, Oratorio Parrocchiale di Acitrezza (CT) con la PopRock Band "8ttONerO;

19/12/2008 - Archimede Xmas Party, Liceo Scientifico Statale "Archimede" di Acireale (CT) con la PopRock Band "8ttONerO;

20/12/2008 - Studen's Xmas Gulli e Pennisi Party, "Perla Jonica Hotel" Capomulini (CT) con la PopRock Band "8ttONerO;

28/12/2008 - Festa delle Famiglie 1° Edizione, Oratorio Parrocchiale di Acitrezza (CT) con la PopRock Band "8ttONerO;

04/01/2009 - Concerto di Beneficenza "Città di Niscemi" 11° Edizione, Niscemi (CL) con la PopRock Band "8ttONerO;

14/03/2009 - 8ttONerO Live in Concerto, "Santa Tecla Tower", Santa Tecla (CT) con la PopRock Band "8ttONerO;

24/04/2009 - Serata dei Talenti 1° Edizione, Oratorio Parrocchiale di Acitrezza (CT) con la PopRock Band "8ttONerO;

30/05/2009 – Liceopoli, "Perla Jonica Hotel" Capomulini (CT) con la PopRock Band "8ttONerO;

19/07/2009 - Saggio a Villa di Bella (di Giovanni Cacciaguerra), Viagrande (CT) con la PopRock Band "8ttONerO;

04/09/2009 - 17° Edizione Festival della Canzone "Città di Acitrezza" (CT) con la PopRock Band "8ttONerO;

07/11/2009 – Festa d'Autunno 2° Edizione, Oratorio Parrocchiale di Acitrezza (CT) con la PopRock Band "8ttONerO;

06/01/2010 - Concerto di Beneficenza "Città di Niscemi" 12° Edizione, Niscemi (CL) con la PopRock Band "8ttONerO;

22/08/2010 - La notte dei Malavoglia, Acitrezza (CT), con il Comitato Culturale "Akis Live Music Project";

06/09/2010 - 18° Edizione Festival della Canzone "Città di Acitrezza" (CT) con la PopRock Band "8ttONerO;

20/11/2010 – Festa d'Autunno 3° Edizione, Oratorio Parrocchiale di Acitrezza (CT) con la PopRock Band "8ttONerO;

02/09/2011 - 19° Edizione Festival della Canzone "Città di Acitrezza" (CT) con la PopRock Band "8ttONerO;

04/08/2012 - Trezz'Arte, il villaggio degli artisti, Acitrezza (CT), con il Comitato Culturale "Akis Live Music Project";

23/04/2013 - Giornata mondiale del Libro Aci Castello (CT), con il Comitato Culturale "Akis Live Music Project";

18/05/2013 - Notte europea dei Musei, Santa Venera al Pozzo (CT), con il Comitato Culturale "Akis Live Music Project";

22/03/2014 – Esposizione Jean Calogero, Centro Contemporaneo Catania (CT), con il Comitato Culturale "Akis Live Music Project";

03/01/2015 - Concerto di Capodanno Lions Club, Hotel Nettuno Catania (CT), con il Comitato Culturale "Akis Live Music Project";

23/04/2015 - Esibizione a Convencion Commerciale - Garden Hotel San Giovanni La Punta (CT), con il duo acustico Claudio & Graziano;

20/07/2015 - Esibizione ad Inaugurazione "Planet Win 365" - Catania, con il duo acustico Claudio & Graziano;

23/12/2015 - Esibizione a Convencion Commerciale - Grand Hotel Villa Itria - Viagrande (CT), con il duo acustico Claudio & Graziano;

31/12/2015 - Concerto di San Silvestro, Passopomo - Zafferana Etnea (CT), con il Comitato Culturale "Akis Live Music Project";

29/04/2016 - "Raccontare i Malavoglia" al Porto di Trezza, Acitrezza (CT), con il Comitato Culturale "Akis Live Music Project";

22/05/2016 - "Raccontare i Malavoglia" al Maniero Normanno, Acicastello (CT), con il Comitato Culturale "Akis Live Music Project";

04/08/2016 - Esibizione ad Inaugurazione "The Angel's School" - Tremestieri Etneo (CT), con il duo acustico Claudio & Graziano;

Produzioni in qualità di Artista del Coro - Baritono:

18/10/2015 - Concerto "Songs of Praise", Chiesa di San Domenico, Macao (Cina), Coro Lirico Siciliano;

30/10/2015 - Opera "Faust" di Charles Gounod, Cultural Centre of Macau, Macao (Cina), Coro Lirico Siciliano;

31/10/2015 - Opera "Faust" di Charles Gounod, Cultural Centre of Macau, Macao (Cina), Coro Lirico Siciliano;

01/11/2015 - Opera "Faust" di Charles Gounod, Cultural Centre of Macau, Macao (Cina), Coro Lirico Siciliano;

14/11/2015 - Concerto "Cantantibus Organis", Chiesa Santa Maria dell'Idria, Viagrande (CT), Coro Lirico Siciliano;

22/11/2015 – Messa "Solennità di Cristo Re dell'Universo", Chiesa Badia di Sant'Agata, Catania, Coro Lirico Siciliano;

02/12/2015 – Concerto "I Percorsi del Sacro", Chiesa Madre di Santa Venera, Santa Venerina (CT), Coro Lirico Siciliano;

11/12/2015 – Operetta "Cin Ci Là", Teatro Politeama di Caltagirone (CT), Coro Incanto Mediterraneo;

13/12/2015 – Operetta "Cin Ci Là", Teatro Leonardo Sciascia di Aci Bonaccorsi (CT), Coro Incanto Mediterraneo;

01/01/2016 - Gran Concerto di Capodanno, Teatro Mandacini, Barcellona Pozzo di Gotto (ME), Coro Lirico Siciliano;

24/01/2016 - Pontificale di Sant'Agata V.M. presso il Santuario di Sant'Agata al Carcere - Catania, Coro Lirico Siciliano;

01/02/2016 - Concerto "Cantantibus Organis", presso il Santuario di Sant'Agata al Carcere - Catania, Coro Lirico Siciliano;

04/02/2016 - Concerto "In Festo Sanctae Agathae", presso il Santuario di Sant'Agata al Carcere - Catania, Coro Lirico Siciliano;

06/05/2016 - Operetta "Cin Ci Là", CineTeatro Grevi di Enna (EN), Coro Incanto Mediterraneo.

13/06/2016 - Esecuzione Inno d'Italia di Mameli, 62° TaorminaFilmFest, Teatro Antico di Taormina (ME), Coro Lirico Siciliano;

25/06/2016 - Opera "Cavalleria Rusticana" di Pietro Mascagni, Teatro Antico di Taormina (ME), Coro Lirico Siciliano;

26/06/2016 - Opera "Cavalleria Rusticana" di Pietro Mascagni, Teatro Antico di Taormina (ME), Coro Lirico Siciliano;

27/06/2016 - Concerto "Carmina Burana" di Carl Orff, Teatro Antico di Taormina (ME), Coro Lirico Siciliano;

11/08/2016 - Opera "Rigoletto" di G. Verdi, Oper Schenkenberg Verdi Arena, Brugg/Windisch (Svizzera), Coro Lirico Siciliano;

12/08/2016 - Opera "Rigoletto" di G. Verdi, Oper Schenkenberg Verdi Arena, Brugg/Windisch (Svizzera), Coro Lirico Siciliano;

13/08/2016 - Opera "Rigoletto" di G. Verdi, Oper Schenkenberg Verdi Arena, Brugg/Windisch (Svizzera), Coro Lirico Siciliano;

18/08/2016 - Opera "Rigoletto" di G. Verdi, Oper Schenkenberg Verdi Arena, Brugg/Windisch (Svizzera), Coro Lirico Siciliano;

19/08/2016 - Opera "Rigoletto" di G. Verdi, Oper Schenkenberg Verdi Arena, Brugg/Windisch (Svizzera), Coro Lirico Siciliano;

20/08/2016 - Opera "Rigoletto" di G. Verdi, Oper Schenkenberg Verdi Arena, Brugg/Windisch (Svizzera), Coro Lirico Siciliano;

25/08/2016 - Opera "Rigoletto" di G. Verdi, Oper Schenkenberg Verdi Arena, Brugg/Windisch (Svizzera), Coro Lirico Siciliano;

26/08/2016 - Opera "Rigoletto" di G. Verdi, Oper Schenkenberg Verdi Arena, Brugg/Windisch (Svizzera), Coro Lirico Siciliano;

27/08/2016 - Opera "Rigoletto" di G. Verdi, Oper Schenkenberg Verdi Arena, Brugg/Windisch (Svizzera), Coro Lirico Siciliano;

15/12/2016 - Opera "Le Nozze di Figaro" di W. A. Mozart, Grand Theatre Tianjin, Tianjin (Cina), Coro Lirico Siciliano;

16/12/2016 - Opera "Cavalleria Rusticana" di Pietro Mascagni, Grand Theatre Tianjin, Tianjin (Cina), Coro Lirico Siciliano;

16/12/2016 - Opera "I Pagliacci" di Ruggero Leoncavallo, Grand Theatre Tianjin, Tianjin (Cina), Coro Lirico Siciliano;

17/12/2016 - Opera "Le Nozze di Figaro" di W. A. Mozart, Grand Theatre Tianjin, Tianjin (Cina), Coro Lirico Siciliano;

18/12/2016 - Opera "Cavalleria Rusticana" di Pietro Mascagni, Grand Theatre Tianjin, Tianjin (Cina), Coro Lirico Siciliano;

18/12/2016 - Opera “I Pagliacci” di Ruggero Leoncavallo, Grand Theatre Tianjin, Tianjin (Cina), Coro Lirico Siciliano;

20/12/2016 - Concert Gala, Concert Hall del Grand Theatre Tianjin, Tianjin (Cina), Coro Lirico Siciliano;

23/12/2016 - Opera “Turandot” di Giacomo Puccini, Grand Theatre Tianjin, Tianjin (Cina), Coro Lirico Siciliano;

24/12/2016 - Concerto “Carmina Burana” di C. Orff, Concert Hall del Grand Theatre Tianjin, Tianjin (Cina), Coro Lirico Siciliano;

27/12/2016 - Opera “Cavalleria Rusticana” di Pietro Mascagni, Grand Theatre Harbin, Harbin (Cina), Coro Lirico Siciliano;

27/12/2016 - Opera “I Pagliacci” di Ruggero Leoncavallo, Grand Theatre Harbin, Harbin (Cina), Coro Lirico Siciliano;

28/12/2016 - Opera “Le Nozze di Figaro” di W. A. Mozart, Grand Theatre Harbin, Harbin (Cina), Coro Lirico Siciliano;

29/12/2016 - Concerto “Carmina Burana” di C. Orff, Concert Hall del Grand Theatre Harbin, Harbin (Cina), Coro Lirico Siciliano;

31/12/2016 - Opera “Turandot” di Giacomo Puccini, Grand Theatre Harbin, Harbin (Cina), Coro Lirico Siciliano;

01/01/2017 - Concert Gala di Capodanno con José Carreras, Grand Theatre Harbin, Harbin (Cina), Coro Lirico Siciliano;

02/01/2017 - Opera “Turandot” di Giacomo Puccini, Grand Theatre Harbin, Harbin (Cina), Coro Lirico Siciliano;

02/02/2017 - Concerto (Prima Mondiale Assoluta) "Diva Agatha" di Matteo Musumeci, Teatro Massimo "Vincenzo Bellini" di Catania, Coro dell'Istituto Superiore di Studi Musicali "Vincenzo Bellini" di Catania;

22/04/2017 - Concerto "Missa Criolla e la Preghiera nell'Opera", Basilica di San Pietro, Riposto (CT), Coro Lirico Siciliano;

10/05/2017 - Concerto "Requiem di Salieri", presso Auditorium "Don Milani" di Paternò (CT), Coro dell'Istituto Superiore di Studi Musicali "Vincenzo Bellini" di Catania;

14/06/2017 - Concerto "Requiem di Salieri", IMVB di Catania, Coro dell'Istituto Superiore di Studi Musicali "Vincenzo Bellini" di Catania;

22/06/2018 - Concerto di Fineanno, IMVB di Catania, Coro dell'Istituto Superiore di Studi Musicali "Vincenzo Bellini" di Catania;

Concerti in qualità di Direttore d'Orchestra:

24/06/2013 – Concerto di San Giovanni Battista, Santo Patrono (Acitrezza - CT), Galatea - L'Orchestra del CSA;

25/08/2013 - Concerto in occasione dei "TrezzArte, il villaggio degli Artisti" (Acitrezza - CT), Galatea - L'Orchestra del CSA;

29/12/2013 - Concerto di Natale Chiesa del Ss. Crocifisso dei Miracoli (Catania), Galatea - L'Orchestra del CSA;

04/01/2014 - Concerto di Capodanno Chiesa San Giovanni Battista di Acitrezza (CT), Galatea - L'Orchestra del CSA;

27/02/2014 - Concerto di Carnevale Chiesa San Giovanni Battista di Acitrezza (CT), Galatea - L'Orchestra del CSA;

02/03/2014 - Concerto di Carnevale Chiesa del Ss. Crocifisso dei Miracoli (Catania), Galatea - L'Orchestra del CSA;

15/06/2014 - Concerto di Primavera a Zafferana Etnea in "Etnainprimavera" (CT), Galatea - L'Orchestra del CSA;

24/06/2014 – Concerto di San Giovanni Battista, Santo Patrono (Acitrezza - CT), Galatea - L'Orchestra del CSA;

20/08/2014 – Concerto al Castello di Acicastello, VII Edizione dell'Omnia Arte Festival (CT), Galatea - L'Orchestra del CSA;

31/08/2014 - Concerto a "TrezzArte, il villaggio degli Artisti" (Acitrezza - CT), Galatea - L'Orchestra del CSA;

22/02/2015 – Concerto del Corso di Formazione per Direttori, San Michele di Ganzaria (CT), Orchestra di Fiati "Janzarìa" - Fe.Ba.Si.

CAPITOLO 3

Elenco dei consessi in qualità di incaricato

1° - 18/03/2014 - Comune Acicastello - In qualità di **Vice Presidente**, Consulta Giovanile di Aci Castello, Insediamento ed Accreditamento; Elezione Vice-Presidente e Segretario; Varie ed eventuali.

2° - 02/12/2014 - Comune Acicastello - In qualità di **Vice Presidente**, Consulta Giovanile di Aci Castello, Verifica eventuali impedimenti ed incompatibilità dei componenti insediati; Ammissione nuovi componenti accreditati, a seguito dell'Avviso pubblico del 18 Novembre 2014; Costituzione Commissioni di lavoro ed elezione dei responsabili; Organizzazione calendario delle attività e degli incontri; Varie ed eventuali.

3° - 16/12/2014 - Comune Acicastello - In qualità di **Vice Presidente**, Consulta Giovanile di Aci Castello, Approvazione verbali della prima e della seconda Convocazione; Valutazione dei progetti di "Logo Ufficiale" e conseguente votazione; Integrazione dei Gruppi di Lavoro da parte dei membri assenti alla Convocazione del 2 Dicembre 2014; Individuazione, selezione ed assegnazione progetti ai Gruppi di Lavoro; Registrazione dei membri supplenti, aggiornamento dati anagrafici e contatti dei membri, verifica completezza e regolarità delle adesioni ed eventuale esclusione delle domande d'iscrizione incomplete o irregolari; Calendarizzazione prossimi incontri; Varie ed eventuali.

4° - 20/01/2015 - Comune Acicastello - In qualità di **Vice Presidente**, Consulta Giovanile di Aci Castello, Individuazione del criterio di designazione del sostituto Segretario; Valutazione delle modifiche al "Logo Ufficiale" e conseguente votazione; Votazione dei progetti elaborati dai Gruppi di Lavoro, tra cui Revisione dello Statuto della Consulta Giovanile; Calendarizzazione prossimi incontri; Varie ed eventuali.

5° - 03/02/2015 - Comune Acicastello - In qualità di **Vice Presidente**, Consulta Giovanile di Aci Castello, Votazione sulla proposta di revisione dello Statuto della Consulta Giovanile; Votazione sulle proposte di progetti delle Commissioni di lavoro; Approvazione dei verbali della terza e della quarta seduta; Calendarizzazione prossimi incontri; Varie ed eventuali.

6° - 10/02/2015 - Comune Acicastello - In qualità di **Vice Presidente**, Consulta Giovanile di Aci Castello, Resoconto dell'Ufficio di Presidenza della Consulta Giovanile sulla ricognizione formale delle adesioni delle associazioni assenti; Votazione sulle proposte di organizzazione dei Forum Giovanili (ex art. 14 S.C.G.) e fissazione calendario; Calendarizzazione prossimi incontri; Varie ed eventuali.

7° - **03/03/2015 - Comune Acicastello** - In qualità di **Vice Presidente**, Consulta Giovanile di Aci Castello, Resoconto dell'Ufficio di Presidenza della Consulta Giovanile sulla ricognizione formale delle adesioni delle associazioni assenti; Audizione dei Dirigenti Scolastici degli istituti del Comune di Aci Castello circa l'organizzazione del Forum Giovanile presso di essi; Assegnazione di progetti da parte del Consiglio Comunale alla 4° Commissione della Consulta Giovanile; Calendarizzazione prossimi incontri; Varie ed eventuali.

8° - **17/03/2015 - Comune Acicastello** - In qualità di **Vice Presidente**, Consulta Giovanile di Aci Castello, Proposta di Forum Giovanile (ex art. 14 S.C.G.) – Referente G. D'Urso; Proposta di Evento presso I.C.S. "Verga-Falcone" – Referente V. Spoto; Resoconto tavolo bilaterale Consiglio Comunale & Consulta Giovanile sull'evento "Festa Medievale"; Approvazione verbali nn° 5, 6 e 7; Calendarizzazione prossimi incontri; Varie ed eventuali.

9° - **08/04/2015 - Comune Acicastello** - In qualità di **Vice Presidente**, Forum Giovanile della Consulta Giovanile di Aci Castello, Saluto dell'Assessore alle Politiche Giovanili Dott. Ass. Gisella Patanè; Presentazione della Consulta Giovanile ed esposizione dei lavori correnti da parte di Graziano D'Urso; Intervento in materia di "Impegno Sociale per gli altri e per se stessi" ad opera di Enrico Grasso; Intervento in materia di "Importanza nella società del volontariato per una cultura della solidarietà" ad opera di Giuseppina Patané; Intervento in materia di esperienza nel Servizio Civile ad opera della Psicologa Dott.ssa Maria Concetta Vadalà; Presentazione delle associazioni del territorio che si occupano di Volontariato; Dibattito aperto; Conclusione della discussione e saluti conclusivi.

10° - **28/04/2015 - Comune Acicastello** - In qualità di **Vice Presidente**, Consulta Giovanile di Aci Castello, Proposta di Evento Artistico-Musicale – Referente A. Grasso; Responso del dirigente scolastico per Evento presso I.C.S. "Verga-Falcone"; Resoconto tavolo bilaterale Consiglio Comunale & Consulta Giovanile sull'evento "Festa Medievale"; Calendarizzazione prossimi incontri; Varie ed eventuali.

11° - **26/05/2015 - Comune Acicastello** - In qualità di **Vice Presidente**, Consulta Giovanile di Aci Castello, Proposta di Evento Artistico-Musicale – Referente A. Grasso; Preventivo spese per evento "Festa Medievale", ripristino dei lavori; Organizzazione 2° Forum Giovanile (Tema, Giorno, Luogo, Ospiti, etc.); Calendarizzazione prossimi incontri; Varie ed eventuali.

12° - **07/07/2015 - Comune Acicastello** - In qualità di **Vice Presidente**, Consulta Giovanile di Aci Castello, Proposta di Evento Artistico-Musicale – Referente A. Grasso; Resoconto attività della Consulta Giovanile negli ultimi 12 mesi di lavoro; Organizzazione 2° Forum Giovanile (Tema, Giorno, Luogo, Ospiti, etc.); Calendarizzazione incontri di Settembre; Varie ed eventuali.

13° - 15/09/2015 - Comune Acicastello - In qualità di **Vice Presidente**, Consulta Giovanile di Aci Castello, Proposta di Evento Artistico-Musicale – Referente A. Grasso; Allestimento organizzazione del 2° Forum Giovanile "Diritti Civili"; Organizzazione "Giornata dello Sport"; Creazione "Albo delle Associazioni"; Audizione Presidente 7° Commissione CC; Calendarizzazione prossimi incontri; Varie ed eventuali.

14° - 17/11/2015 - Comune Acicastello - In qualità di **Vice Presidente**, Forum Giovanile della Consulta Giovanile di Aci Castello, Saluto dell'Assessore alle Politiche Giovanili Dott. Ass. Gisella Patanè; Presentazione degli ospiti, tecnici invitati al dibattito; Presentazione della Consulta Giovanile ed esposizione dei lavori correnti da parte di Graziano D'Urso; segue intervento in materia di "Unioni Civili"; Intervento in materia di "Cittadinanza ed Immigrazione" ad opera di Antonio Castorina; intervento in materia di "Adozioni per i Single" ad opera di Giuseppina Patané; Intervento in materia di "Eutanasia e Testamento Biologico" ad opera di Loriana Maria D'Urso; Dibattito aperto; Conclusione della discussione e saluti conclusivi.

15° - 15/03/2016 - Comune Acicastello - In qualità di **Vice Presidente**, Consulta Giovanile di Aci Castello, Referendum sulle Trivelle del 17 Aprile: oggetto ed implicazioni; Funzionamento dell'Albo delle Associazioni; Resoconto di Fine Mandato – "Biennio 2014-2016" Consulta Giovanile; Calendarizzazione prossimi incontri; Varie ed eventuali.

16° - 30/03/2016 - AIDO Acicastello - In qualità di **Presidente**, Gruppo Comunale dell'Associazione Italiana donatori di Organi, Tessuti e Cellule di Aci Castello, Elezione del Presidente dell'Assemblea e del Segretario dell'Assemblea; Elezione nuovo direttivo; Varie ed eventuali.

17° - 12/04/2016 - Comune Acicastello - In qualità di **Vice Presidente** della Consulta Giovanile di Aci Castello presso la Consulta Giovanile di Acireale, partecipazine all'incontro "Guardiamoci intorno" organizzato dall'Assessore alle Politiche Giovanili e dal Presidente della Consulta Giovanile di Acireale, Michele Greco.

18° - 03/05/2016 - Comune Acicastello - In qualità di **Vice Presidente**, Consulta Giovanile di Aci Castello, Esposizione all'Assemblea dei temi trattati alla Tavola Rotonda "Guardiamoci Intorno" del 12 Aprile scorso, con relazione sui punti affrontati nella giornata; Esposizione all'Assemblea del costituendo progetto della "Consulta delle Consulte", con approfondimento sul disegno di funzionamento, modalità di collaborazione e utilità; Preparazione ed organizzazione dell'incontro costitutivo, da tenersi potenzialmente nel nostro Comune, del progetto "Consulta delle Consulte" di cui sopra; Varie ed Eventuali.

19° - 07/05/2016 - AIDO Catania - In qualità di **Consigliere**, membro del Consiglio Direttivo della Sezione Provinciale dell'Associazione Italiana donatori di Organi, Tessuti e Cellule di Catania, Presentazione verbale del commissario straordinario per l'accreditamento dei delegati; Elezione fra i non candidati: a) presidente e Segretario dell'Assemblea; b) tre o più membri per la Commissione Elettorale; c) tre o più membri per la Commissione Verifica Poteri per l'Assemblea successiva; d) tre o più membri per la Commissione per gli indirizzi di politica associativa; Determinazione rapporti di rappresentanza e quote sociali; Determinazione numero consiglieri per il prossimo mandato quadriennale; Presentazione, discussione e approvazione: a)relazione sull'attività svolta dal commissario straordinario; b)bilancio consuntivo accompagnato dalla relazione del commissario straordinario; c)bilancio preventivo anno 2016; Nomina dei delegati all'Assemblea Nazionale e indicazione dei candidati alle cariche Nazionali; Modalità di votazione e presentazione dei candidati alla carica di Consigliere, Revisore dei Conti, Proboviro; Predisposizione e approvazione documento per gli indirizzi di politica associativa; Votazioni e proclamazione degli eletti.; Convocazione degli eletti alle cariche associative.

20° - 24/05/2016 - Comune Acicastello - In qualità di **Vice Presidente**, Consulta Giovanile di Aci Castello, Saluto dell'Assessore alle Politiche Giovanili Dott.ssa Gisella Patané e del Vice-Presidente della Consulta Giovanile di Aci Castello Graziano D'Urso; Introduzione del tema principale con presentazione delle proposte di Statuto; Apertura del dibattito, con interventi degli Assessori alle Politiche Giovanili e dei Presidenti delle Consulte Giovanili dei Comuni presenti; Varie ed eventuali.

21° - 02/07/2016 - AIDO Catania - In qualità di **Consigliere**, membro del Consiglio Direttivo della Sezione Provinciale dell'Associazione Italiana donatori di Organi, Tessuti e Cellule di Catania, Approvazione del verbale della seduta del 16 aprile 2016; Ricorso inoltrato dal signor Giuseppe Distefano determinazione in merito; Relazione finale progetto "CulturAido"; Pianificazione attività Aido secondo semestre 2016; Apertura nuovo CC bancario e chiusura CC Postale; Giornata nazionale di informazione Aido (Anthurium); Varie ed eventuali.

22° - 17/09/2016 - AIDO Catania - In qualità di **Consigliere**, membro del Consiglio Direttivo della Sezione Provinciale dell'Associazione Italiana donatori di Organi, Tessuti e Cellule di Catania, Approvazione del verbale della seduta del 02 luglio 2016; Giornata nazionale di informazione Aido (Anthurium) fase operativa; Presentazione progetto Aido provinciale ed Aido comunali al Crt Sicilia; Attivazione nuova sede presso Arnas Garibaldi Catania; Varie ed eventuali.

23° - 17/11/2016 - Comune Acicastello - In qualità di **Vice Presidente** della Consulta Giovanile di Aci Castello presso la Consulta Giovanile di Santa Venerina, Cosa è una Consulta Giovanile e come funziona" è stato organizzato dall'Assessore alle Politiche Giovanili del Comune etneo Maria Assunta Vecchio.

24° - 07/02/2017 - Comune Acicastello - In qualità di **Presidente**, Consulta Giovanile di Aci Castello, costituzione assemblea, elezione ufficio di presidenza (Presidente, Vice Presidente, Segretario), formazione dei gruppi di lavoro.

25° - 24/02/2017 - AIDO Catania - In qualità di **Consigliere**, membro del Consiglio Direttivo della Sezione Provinciale dell'Associazione Italiana donatori di Organi, Tessuti e Cellule di Catania, Lettura ed approvazione del verbale della seduta precedente; Lettura ed approvazione bilancio consuntivo 2016; Lettura ed approvazione bilancio preventivo 2017; Approvazione relazione sull'attività svolta nel 2016; Comunicazione di Aido Nazionale sulle assemblee elettive 2016; Identificazione giorno per lo svolgimento dell'assemblea intermedia; Presentazione progetto fondazione johnson; Varie ed eventuali.

26° - 27/02/2017 - AIDO Acicastello - In qualità di **Presidente**, Gruppo Comunale dell'Associazione Italiana donatori di Organi, Tessuti e Cellule di Aci Castello, Elezione del Presidente dell'Assemblea e del Segretario dell'Assemblea; Presentazione, discussione e approvazione: relazione sull'attività svolta nel 2016 elaborata dal Consiglio Direttivo; bilancio consuntivo anno 2016 accompagnato dalla relazione dell'Amministratore e dalla relazione del Collegio dei Revisori dei Conti; bilancio preventivo anno 2017 proposto dal Consiglio Direttivo; recepimento statuto e regolamento Aido nazionale e regolamento statutario Aido Sicilia; Presentazione, discussione ed approvazione del Documento di indicazioni e proposte per l'anno 2017; Varie ed eventuali

27° - 14/03/2017 - Comune Acicastello - In qualità di **Presidente**, Consulta Giovanile di Aci Castello, Calendarizzazione Prossimi Incontri della Consulta Giovanile; Approvazione Verbale N.1 del 7 Febbraio 2017; Ratifica dei Documenti stilati in seno al 2° e 3° incontro della Rete Etnea delle Consulte Giovanili tenuti nelle date del 24 Maggio 2016 (in Acicastello) e 17 Novembre 2016 (in Santa Venerina) in ottemperanza all'Art. 16, 2° comma della Delibera del Consiglio Comunale n. 62 del 2016; Richiesta all'Amministrazione di affidamento locali di proprietà comunale per il biennio 2017-2018 in luogo di sede operativa stabile della Consulta Giovanile per il disimpegno dei propri scopi statutari; Istituzione del fondo cassa della Consulta Giovanile in ossequio agli Artt. 1 e 15, 2° comma della Delibera del Consiglio Comunale n. 62 del 2016; Costituzione dei gruppi di lavoro con attribuzioni di competenze in ottemperanza all'Art. 13 della Delibera del Consiglio Comunale n. 62 del 2016; Varie ed eventuali.

28° - 08/04/2017 - AIDO Catania - In qualità di **Consigliere**, membro del Consiglio Direttivo della Sezione Provinciale dell'Associazione Italiana donatori di Organi, Tessuti e Cellule di Catania, Elezione del Presidente dell'Assemblea e del Segretario dell'Assemblea 2. Presentazione, discussione e approvazione: relazione sull'attività svolta nel 2016 elaborata dal Consiglio Direttivo; bilancio consuntivo anno 2016 accompagnato dalla relazione dell'Amministratore e dalla relazione del Collegio dei Revisori dei Conti; bilancio preventivo anno 2017 proposto dal Consiglio Direttivo; recepimento statuto e regolamento Aido Nazionale e regolamento statutario Aido Sicilia; Approvazione degli impegni economici pluriennali e di politica associativa; Determinazione delle quote sociali a carico dei Gruppi Comunali.

29° - 11/04/2017 - Comune Acicastello - In qualità di **Presidente**, Consulta Giovanile di Aci Castello, Calendarizzazione Prossimi Incontri della Consulta Giovanile; Approvazione Verbale N.2 del 14 Marzo 2017; Assegnazione membri dell'Assemblea ai Gruppi di Lavoro costituiti alla seduta del 14 Marzo 2017; Definizione Argomento 1° Forum Giovanile ed Organizzazione Programma; Definizione Argomento 4° Seduta della Rete Etnea delle Consulte; Varie ed eventuali.

30° - 09/05/2017 - Comune Acicastello - In qualità di **Presidente**, Consulta Giovanile di Aci Castello, Saluto dell'Assessore alle Politiche Giovanili, del Presidente della Consulta Giovanile e delle personalità intervenute; Inizio della discussione con gli interventi dei membri della Consulta Giovanile: Peppino Impastato: La mafia siciliana, la lotta alla criminalità organizzata, il fenomeno mafioso in Europa e nel Mondo; Aldo Moro: Le brigate rosse, il terrorismo italiano ed internazionale, le vittime di Aci Castello; Dichiarazione di Schuman: anniversario europeo della pace e dell'integrazione; pace internazionale e sociale, lotta alla xenofobia e agli estremismi; Apertura della discussione e dibattito, trattazione delle proposte, conclusioni; Varie ed eventuali.

31° - 25/02/2018 - AIDO Acicastello - In qualità di **Presidente**, Gruppo Comunale dell'Associazione Italiana donatori di Organi, Tessuti e Cellule di Aci Castello, Elezione del Presidente dell'Assemblea e del Segretario dell'Assemblea; Presentazione, discussione e approvazione: relazione sull'attività svolta nel 2017 elaborata dal Consiglio Direttivo; bilancio consuntivo anno 2017 accompagnato dalla relazione dell'Amministratore e dalla relazione del Collegio dei Revisori dei Conti; bilancio preventivo anno 2018 proposto dal Consiglio Direttivo; Presentazione, discussione ed approvazione del Documento di indicazioni e proposte per l'anno 2018; Varie ed eventuali.

32° - 07/03/2018 - AIDO Catania - In qualità di **Consigliere**, membro del Consiglio Direttivo della Sezione Provinciale dell'Associazione Italiana donatori di Organi, Tessuti e Cellule di Catania, Presentazione verbale Commissario per l'ammissione e il preaccreditamento dei delegati; Nomina di tre o più membri per la Commissione Verifica Poteri; Relazione della Commissione Verifica Poteri per l'accreditamento dei delegati; Elezione fra i non candidati: a) Presidente e Segretario dell'Assemblea; b) uno o più Vicepresidenti; c) tre o più membri per la Commissione Elettorale; d) tre o più membri per la Commissione Verifica Poteri per l'Assemblea successiva; e) tre o più membri per la Commissione per gli indirizzi di politica associativa; Determinazione rapporti di rappresentanza e quote sociali; Determinazione numero consiglieri per il prossimo mandato quadriennale.; Presentazione, discussione e approvazione: a) relazione sull'attività svolta nel 2017 dal Consiglio Direttivo e Relazione sull'esecuzione del programma quadriennale; b) bilancio consuntivo anno 2017 accompagnato dalla relazione dell'Amministratore e dalla relazione del Collegio dei Revisori dei Conti. c) bilancio preventivo anno 2018; Nomina dei delegati all'Assemblea Regionale e indicazione dei candidati alle cariche regionali; Modalità di votazione e presentazione dei candidati alla carica di Consigliere, Revisore dei Conti, Proboviro; Predisposizione e approvazione documento per gli indirizzi di politica associativa; Votazioni e proclamazione degli eletti; Convocazione degli eletti alle cariche associative.

33° - 17/03/2018 - Comune Acicastello - In qualità di **Presidente**, Consulta Giovanile di Aci Castello, 157° Anniversario dell'Unità d'Italia: Aci Castello tra Storia e Memoria; Programmazione attività culturale e artistica stagione estiva; Resoconto attività Consulta Giovanile anno 2017; Calendarizzazione prossimi incontri; Varie ed eventuali.

34° - 04/07/2018 - AIDO Catania - In qualità di **Consigliere**, membro del Consiglio Direttivo della Sezione Provinciale dell'Associazione Italiana donatori di Organi, Tessuti e Cellule di Catania, Lettura ed approvazione del verbale della seduta precedente; Contenzioso Aido nazionale aggiornamento in merito; 3. Decreto Assessorato Regionale nuova organizzazione Crt; Attività estive Aido provinciale e gruppi comunali; Situazione quote associative gruppi comunali; Varie ed eventuali.

35° - 27/11/2018 - IMVB Catania - In qualità di **Rappresentante**, membro della Consulta degli Studenti dell'Istituto Superiore di Studi Musicali "Vincenzo Bellini" di Catania: elezione del nuovo consigliere d'amministrazione; varie ed eventuali.

36° - 24/02/2019 - AIDO Acicastello - In qualità di **Presidente**, Gruppo Comunale dell'Associazione Italiana donatori di Organi, Tessuti e Cellule di Aci Castello, Elezione del Presidente dell'Assemblea e del Segretario dell'Assemblea; Presentazione, discussione e approvazione: relazione sull'attività svolta nel 2018 elaborata dal Consiglio Direttivo; bilancio consuntivo anno 2018 accompagnato dalla relazione dell'Amministratore e dalla relazione del Collegio dei Revisori dei Conti; bilancio preventivo anno 2019 proposto dal Consiglio Direttivo; Presentazione, discussione ed approvazione del Documento di indicazioni e proposte per l'anno 2019; Varie ed eventuali.

37° - 20/03/2019 - IMVB Catania - In qualità di **Rappresentante**, membro della Consulta degli Studenti dell'Istituto Superiore di Studi Musicali "Vincenzo Bellini" di Catania: Assemblea d'Istituto.

38° - 10/04/2019 - IMVB Catania - In qualità di **Rappresentante**, membro della Consulta degli Studenti dell'Istituto Superiore di Studi Musicali "Vincenzo Bellini" di Catania: Incontro con la Dirigenza dell'Istituto.

39° - 11/04/2019 - AIDO Catania - In qualità di **Consigliere**, membro del Consiglio Direttivo della Sezione Provinciale dell'Associazione Italiana donatori di Organi, Tessuti e Cellule di Catania, Elezione del Presidente dell'Assemblea e del Segretario dell'Assemblea; Presentazione, discussione e approvazione: • relazione sull'attività svolta nel 2018 elaborata dal Consiglio Direttivo; bilancio consuntivo anno 2018 accompagnato dalla relazione dell'Amministratore e dalla relazione del Collegio dei Revisori dei Conti; bilancio preventivo anno 2019 proposto dal Consiglio Direttivo; Approvazione degli impegni economici pluriennali e di politica associativa; Determinazione delle quote sociali a carico dei Gruppi Comunali; Varie ed eventuali.

40° - 15/04/2019 - IMVB Catania - In qualità di **Rappresentante**, membro della Consulta degli Studenti dell'Istituto Superiore di Studi Musicali "Vincenzo Bellini" di Catania: convocazione assemblea generale; accoglimento dimissioni di Giovanni Catalano dal Consiglio Accademico; elezione nuovo Consigliere Accademico; varie ed eventuali.

41° - 27/05/2019 - IMVB Catania - In qualità di **Rappresentante**, membro della Consulta degli Studenti dell'Istituto Superiore di Studi Musicali "Vincenzo Bellini" di Catania: discutere temi assemblea; presentazione nuovo membro della consulta; varie ed eventuali.

42° - 27/05/2019 - IMVB Catania - In qualità di **Rappresentante**, membro della Consulta degli Studenti dell'Istituto Superiore di Studi Musicali "Vincenzo Bellini" di Catania: Assemblea d'Istituto.

43° - 06/08/2019 - IMVB Catania - In qualità di **Consigliere,** membro del Consiglio di Amministrazione dell'Istituto Superiore di Studi Musicali "Vincenzo Bellini" di Catania: Approvazione Bilanci di previsione 2018-2020; Programmazione estiva Concerti dell'Istituto; Varie ed eventuali.

44° - 18/09/2019 - IMVB Catania - In qualità di **Consigliere,** membro del Consiglio di Amministrazione dell'Istituto Superiore di Studi Musicali "Vincenzo Bellini" di Catania: Approvazione riaccertamento ordinario dei residui ai fini della formazione del rendiconto 2018; Approvazione del rendiconto per l'esercizio 2018; Varie ed eventuali.

45° - 21/10/2019 - IMVB Catania - In qualità di **Consigliere,** membro del Consiglio di Amministrazione dell'Istituto Superiore di Studi Musicali "Vincenzo Bellini" di Catania: Approvazione del Piano Didattico A.A. 2019/2020; Revoca della Delibera N. 3 del 27-02-2019 e presa d'atto del collocamento a riposo a far data dal 01-03-2020, tramite D.L. n.4 art. 14 "quota cento" del dipendente Sig. Fusari Maurizio - Collaboratore Amministrativo - Area III CCNL AFAM; Proroga incarico del Direttore ufficio Ragioneria EP1 e di n. 1 Collaboratore Amministrativo - Area III CCNL AFAM per l'a.a. 2019/2020, messa a disposizione dall'01/11/2019 di n.1 posto vacante di assistente amministrativo Area II e contestuale attribuzione, a far data dal 01/03/2020, di n. 1 incarico di Collaboratore Amministrativo - Area III CCNL AFAM; Mandato all'Avv. Salvatore Samperi per l'esecuzione del sequestro conservativo ex art. 316 c.p.p.; varie ed eventuali.

46° - 28/10/2019 - IMVB Catania - In qualità di **Consigliere,** membro del Consiglio di Amministrazione dell'Istituto Superiore di Studi Musicali "Vincenzo Bellini" di Catania: Proroga incarico del Direttore ufficio Ragioneria EP1 e di n. 1 Collaboratore Amministrativo - Area III CCNL AFAM per l'a.a. 2019/2020, messa a disposizione dall'01/11/2019 di n.1 posto vacante di assistente amministrativo Area II e contestuale attribuzione, a far data dal 01/03/2020, di n. 1 incarico di Collaboratore Amministrativo - Area III CCNL AFAM; Affidamento incarico Avv. Salvatore Pulvirenti per tutela legale "Istituto V. Bellini" bell'ambito del giudizio penale pendente alla sezione GIP del Tribunale di Catania (N. 3405/16 R.G.N.R. - N.8264/R. G.I.P.).; Affidamento incarico Avv. Filippo Basile per tutela legale "Istituto V. Bellini" bell'ambito del giudizio penale pendente alla sezione GIP del Tribunale di Catania (N. 3405/16 R.G.N.R. - N.8264/R. G.I.P.).; Varie ed eventuali.

47° - 23/12/2019 - IMVB Catania - In qualità di **Consigliere,** membro del Consiglio di Amministrazione dell'Istituto Superiore di Studi Musicali "Vincenzo Bellini" di Catania: Proroga incarico Direttore Amministrativo; Richiesta anticipazione di cassa per l'esercizio finanziario 2020; Varie ed eventuali.

SOMMARIO

www.ingramcontent.com/pod-product-compliance
Lightning Source LLC
LaVergne TN
LVHW011714230826
846091LV00015BA/4149

* 9 7 8 0 2 4 4 2 6 5 0 3 8 *